스포츠 그리고 인권

인권이 함께하는 스포츠 경기와 관전

스포츠 그리고 인권

김태우

승부에만 집중하며 쉽게 지나치기 일쑤인 스포츠 속 인권문제
스포츠 인권확립으로 선수와 팬 모두가 즐거운 승리를 일군다

인권에 달린 스포츠의 미래

　지금까지 한국스포츠는 국가적 위기상황에서 국위선양과 국민통합은 물론 실의에 찬 국민에게 희망과 자긍심을 심어주었다. 이뿐만 아니라 우리 선수들의 세계스포츠 무대에서의 활약은 국가경쟁력 강화와 국제 외교증진을 위한 디딤돌 역할을 충실히 해왔다.

　최근 스포츠는 투자를 통해 이익을 창출하는 생산재 역할을 하며 고부가가치를 창출하는 21세기 국가전략산업이 되었다. 각종 세계선수권대회, 올림픽, 월드컵과 같은 메가 스포츠를 통해 한 국가는 정치적, 경제적, 문화적 가치를 증진할 수 있는 기회를 가지며, 국민도 스포츠 활동에 대한 가치인식이 증대되었다. 이러한 스포츠 활동의 긍정적 가치 이면에는 어두운 그림자를 드리우며 발생되는 다양한 부정적 문제들이 나타나 스포츠 증진 및 발전을 저해하고 있다. 그중 스포츠 활동에 있어 기본적으로 지켜져야 할 권리, 즉 스포츠 현상에 내재된 다양한 기본권과 인권에 대한 권리가 무시되거나 박탈되는 경우, 한국 스포츠는 불균형적인 성장과 발전을 초래하게 되고 한국 스포츠의 쇠태와 총체적인 몰락을 가져올 수 있다. 스포츠의 가치는 스포츠선수나 활동에서 마땅히 누릴 수 있는 권리를 누릴 때 풍요로운 미래가 잉태될 수 있기 때문이다.

오늘날 스포츠 속 인권은 스포츠계는 물론 사회적으로도 현실을 보다 널리 지향해 가야 할 또 하나의 과제가 되었다. 스포츠와 인권 이면에 숨어있는 부정적 이슈들에 대한 많은 비판과 새로운 시각에서의 의견 개진은 한국스포츠의 미래를 위한 이 시대의 요청이며 우리 모두의 바람이다.

날카로운 시각과 폭넓은 사고를 통해 스포츠 관련 인권을 한 권의 책으로 집필해 세상에 내놓은 김태우 군의 노고는 깊이 격려받아 마땅하다. 그가 보여주었던 스포츠에 대한 열정과 관심의 흔적들이 이 책의 면면에 살아 숨 쉬고 있는 걸 볼 때 스포츠의 발전과 도전에 훌륭한 이정표가 될 것이라 믿어 의심치 않는다.

2018년 4월 18일

경희대학교 교수 이정학

2016년 말, 우연한 기회로 한국인권재단에서 활동할 기회를 얻었다. 평소 인권에 관심이 많았고, 실제 '위안부' 할머니들을 위해 활동하고 있기는 했지만, '인권'에 대한 깊이 있는 공부를 하기 전이었던 만큼 재단에서 잘 활동할 수 있을지는 사실 나 자신도 의문이었다.

다행히 재단 측에서 내가 할 수 있는 최적의 활동을 제시해주었다. 당시 내 전공이 체육학이었다는 점을 고려해 체육계에서 일어나고 있는 인권 관련 글을 써보는 것이 어떻겠냐는 제안이었다. 그렇게 2017년 1월, 한국인권재단의 '인사동 칼럼'과 포털 사이트 Daum의 '브런치'라는 플랫폼에 [스포츠와 인권]이라는 주제로 첫 글을 실을 수 있었고, 2017년 한 해 동안 총 12편의 글을 실었다.

사실 국내에서 스포츠 인권에 대한 논의가 시작된 것은 얼마 되지 않았다. 대부분의 스포츠 인권 관련 논문들이 최근에야 쓰이기 시작했으며 '스포츠 인권'만을 직접 다룬 책 또한 2017년에야 출판되었을 정도이다.

처음에 글을 쓰면서 많은 고민을 했다. 내가 어떤 글을 써야 할까? 인권침해 사례를 제삼자의 객관적인 시각으로 제시할까? 아니면 내 의견을 피력하는 글을 쓸까? 그것도 아니면 주제가 되는 권리에 대해 깊게 파고드는 글을 써볼까?

여러 고민 중 제일 깊게 한 고민은 '얼마나 깊은 글을 쓸 것인가?'였다. 스포츠 인권이라고 하지만 사실 해당 권리는 스포츠 외적으로도 얼마든지 적용이 가능하다. 예를 들어 '주거권'에 관한 이야기를 할 때 스포츠 밖에서의 해당 권리에 대한 이야기는 얼마나 무궁무진하던지… 관련 논문도 수십 편이었으며 다큐멘터리, 책, 언론 보도자료 등을 포함한다면 이 자체만으로도 한 권의 책이 나올 수 있을 정도였다.

하지만 나는 내 글이 독자들에게 쉽게 읽히기를 바랐다. 이미 '인권'이라는 단어 자체에서 많은 사람들이 지루함과 어려움을 느껴 거부감이 들 텐데 내용까지 어렵고, 지루하게 만들고 싶지는 않았다. 사람들이 내 책을 가벼운 마음으로 읽으며 '아, 체육계에 이런 부분도 인권문제였구나, 이런 사안도 인권문제로 간주할 수 있구나' 생각하도록 하는 것을 내 글의 목표로 잡았다. 사람들에게 너무 어렵게 다가가지 않도록, 되도록 사례를 통해 인권문제를 설명했으며 독자들이 최대한 가볍게 읽을 수 있는 글을 쓰기 위해 노력했다. 필요한 경우 스포츠 외의 사례나 설명을 가져오기도 했다.

같은 이유로 '인권'의 개념에 대한 서술을 따로 하지 않았다. 이 글에서 인권의 의미는 글자 그대로 "사람(人)이라면 마땅히 누릴 수 있는 권리(權)"로 규정하려 한다.

　대부분 글에는 내 개인적인 의견이나 시각이 반영되어 있다. 독자들은 내 의견과 시각을 그대로 수용하기보다는 각자 자신의 의견이나 시각으로 해당 문제를 새롭게, 비판적으로 바라보며 글을 읽어주었으면 한다.

　이 책을 통해 더욱더 많은 사람이 '스포츠 인권'에 관심을 갖기를 바란다.

2018년 봄

김태우

선수도 사람이다

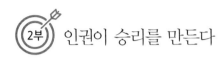

2부 인권이 승리를 만든다

선수도
사람이다

푸른 눈의 태극전사, 국적을 선택할 권리

 2017년 4월, 대한민국 아이스하키의 역사가 새로 쓰였다.

우크라이나의 도시 키예프에서 개최된 '2017 국제아이스하키연맹 남자 세계선수권 디비전 1그룹 A(2부리그)'에서 대한민국은 대회 준우승을 차지하며 1부 리그인 월드챔피언십으로 진출을 확정 지었다. 본 대회의 경우 전년도 상위 리그인 월드챔피언십에서 강등되었던 카자흐스탄과 헝가리, 2014년 올림픽 진출국이었던 오스트리아 등 아이스하키 강국들이 다수 포진되어 있었다. 하지만 대한민국 대표팀은 12전 12패의 상대전적이었던 카자흐스탄에 5 대 2 역전승, 상대전적 2승 1무 12패의 상대전적이었던 헝가리에도 3 대 1 역전승을 거두며 준우승이라는 성적을 거두었다.

누군가는 겨우 2부리그에서 준우승한 것이 그렇게 놀라운 일이냐며 반문할 수 있다. 하지만 국내 아이스하키팀은 고등학교팀 6개, 실업팀 3개에 불과하며 등록선수 또한 233명밖에 되지 않는 비인기 종목이라는 점을 고려해야 한다. 10년도 채 되지 않은 2010년 동계 올림픽 때만 해도 참가비가 아까워 출전하지 않았을 정도의 전력이었고, 2014년 3부 리그까지 떨어졌던 것을 생각한다면 2017년 2부리그 준우승과 1부 리그 진출이라는 성과는 세계 아이스하키 역사를 따져보아도 전무후무한 발전이다. 아이스하키의 불모지로만 인식되던 대한민국. 이러한 현실 속에서 한국 대표팀이 이루어낸 본 대회 성적은 국내 스포츠인뿐만 아니라 해외 여러 동계스포츠 팬들과 관계자들에게도 놀라움을 안겨주었다.

이러한 눈부신 성장 배경에는 여러 가지 요인이 있다. 2018 평창 올림픽을 대비하여 협회 차원에서 충분한 지원을 해준 것이 첫 번째 요인으로 꼽힌다. 정몽원 한라그룹 회장이 2013년 1월, 대한 아이스하키 협회 회장에 취임한 후 한국 아이스하키는 엄청난 투자를 받기 시작했다. 북유럽의 강호 핀란드 2부리그에 젊은 선수 10여 명을 파견하여 경험을 쌓을 수 있게 했고, 동아시아 아이스하키리그에 군인 팀인 '상무'가 출전할 수 있게 하여 군대에서 군복무를 하는 선수들의 기량이 유지될 수 있도록 했다. 비디오 분석관 등 선진 시스템을 과감히 도입했고 감독과 코치 또한 NHL(북미아이스하키리그) 스타 선수 출신을 선임하기도 했다.

그중에서도 '귀화선수'는 대한민국 아이스하키 전력의 가장 큰 보탬으로 평가받았다. 본 대회에 참여한 25명의 선수 중 귀화선수는 총 6명, 마이크 테스트위드, 에릭 리건, 알렉스 플란테, 멧달튼(이상 한라),

브라이언 영, 마이클 스위프트(하이원)가 그들이다. 특히 아이스하키에서 가장 중요한 포지션인 골키퍼 멧달튼은 매 경기 눈부신 선방을 이어가며 대한민국 아이스하키팀의 돌풍을 일으키는 주역이 되었다.

　비록 본 대회 같은 돌풍을 일으키지는 못했지만 2018 평창 올림픽에도 많은 귀화 선수들이 태극마크를 달고 대회에 출전했다. 아이스하키팀 포함, 평창 동계 올림픽에 출전한 귀화선수는 총 19명으로 144명의 대한민국 선수단 중 13%의 비율을 차지했다. 아이스하키 종목에 11명 (남성 7명, 여성 4명), 피겨스케이팅 아이스댄싱팀 2명, 바이애슬론에 4명, 크로스컨트리 1명, 루지 1명 등이다. 이는 전통적으로 대한민국이 강세를 보이는 종목인 스피드 스케이팅, 쇼트트랙, 봅슬레이, 스켈레톤을 제외한 타 종목에서 메달을 획득하기 위해서는 선수영입을 유일한 대안으로 보았기 때문에 발생한 일이었다. 대회 전 대한체육회가 명시한 평창 동계 올림픽 목표는 4위, 금메달 8개, 은메달 4개, 동메달 8개로 이를 달성하기 위해서도 외국 선수들의 귀화는 필수불가결한 일이었다.

　대한민국의 경우 태어난 장소보다는 부모의 국적을 중시하는 '속인주의'를 원칙으로 한다. 속인주의는 출생 당시 어머니 혹은 아버지 중 한 사람이라도 대한민국의 국적을 소유하고 있다면 그 출생 자녀도 한국 국적을 취득하는 것을 말한다. 미국 등이 채택한 태어날 당시의 장소를 중요시하는 '속지주의'와는 다른 개념이다.

속지주의인 미국의 경우, 부모 국적이 어떻게 되든 미국 영토에서 출생하면 미국 국적을 부여한다. 이 때문에 한국인 부모가 미국에서 자녀를 출생하는 경우, 그 자녀는 '이중국적'을 갖게 되며 대한민국에서는 22세 이전에 하나의 국적을 선택하도록 하도록 하고 있다. 만일 이를 따르지 않으면 22세 이후 대한민국 국적을 자동으로 상실케 된다. 다만 병역 기피를 방지하기 위해 남성의 경우 22세 이후에도 국적이 상실되지 않으며 병역의무 이행 후 2년 안에 국적을 선택하도록 하였다.

귀화(歸化, Naturalization)는 다른 나라의 국적을 취득하고 그 나라의 국민이 되는 일을 의미한다. 귀화는 태어났을 때 부여받은 국적이 아닌, 본인의 의지 등으로 타 국가의 국민이 되기 위해 해당 국가의 국적을 직접 취득하는 것인 만큼 그에 대한 규정이 따로 존재한다. 귀화 조건은 일반적으로 각 국가의 국적법에서 규정하고 있다.

대한민국도 마찬가지다. 우리나라에서는 귀화 요건을 크게 세 가지로 분류하는데, 일반귀화 요건, 간이귀화 요건, 특별귀화 요건이 그것이다.

일반귀화 요건(국적법 제5조)에서는 외국인이 귀화허가를 받기 위한 요건 중 일반적인 요건을 규정하고 있다. 대한민국에서 5년 이상 계속 거주하며 대한민국에 주소가 있을 것, 대한민국 민법상 성년일 것, 품행이 단정할 것, 자신의 자산이나 기능에 의해 생계를 유지할 수 있거나 함께하는 가족에 의존하여 생계를 유지할 수 있을 것, 국어 능력과 대한민국의 풍습에 대한 이해 등 대한민국 국민으로서 기본 소양을 갖추고 있을 것이 그 요건들이다. 즉 대한민국에서 5년 이상 거주한 경제력을 갖춘 성인이 초등학교 고학년 수준 이상의 국어, 국사, 풍습 등이 제출되는 귀화시험에 통과해야만 대한민국의 일원으로 받아들여질 수 있다는 규정이다.

간이귀화 요건(국적법 제6조)에서는 일반귀화 요건보다 조금은 간단한 요건을 요구한다. 물론 그에 대한 조건은 해당 조문에서 규정하는데, 부모 중 한 명이 대한민국 국민이었던 자라든가, 대한민국 국민의 양자라든가, 대한민국 국민을 배우자로 두고 있다든가 하는 조건을 비롯해 주소, 거주 기간 등의 조건을 충족한다면 귀화 허가를 받을 수 있다.

특별귀화 요건(국적법 제7조)의 경우, 특별한 요건을 갖췄을 때 귀화를 허가받을 수 있음을 규정하며 그 요건들을 제시하고 있다. 2011년 국적법 개정으로 인해 추가된 요건인 본 조항은 대한민국에 특별한 공로가 있는 자(동조 2항), 과학, 경제, 문화, 체육 등 특정 분야에서 매우 우수한 능력을 보유한 자로서 대한민국의 국익에 기여할 것으로 인정되는 자(동조 3항)가 그 요건이다. 앞에서 살펴보았던 스포츠 선수들의 귀화는 체육 분야에서 우수한 능력을 갖춰 대한민국의 국익에 기여할 수 있는 요건, 즉 국적법 제7조 3항에 따른 요건을 통한 귀화이다.

사실 스포츠 선수들의 귀화는 상당히 오래전부터 진행되어 왔다. '귀화 1세대'로 꼽히는 선수들로는 프로축구 구단 안양LG의 골키퍼 발레리 샤리체프(한국명 신의손), 성남 일화의 라티노프 데니스(한국명 이성남), 야센코 사비토비치(한국명 이싸빅) 등이 있다. 이 선수들의 경우 2011년 국적법 개정 이전 일반귀화로 한국 국적을 얻은 경우였고 국가대표 선발을 위한 경우는 아니었다. 이후 한국프로축구 리그에서 활약하던 전북 현대의 에닝요 선수, 수원 삼성의 라돈치치 선수는 대한민국 국가대표 발탁을 목표로 특별귀화를 추진했던 적이 있었으나 그 뜻을 이루지 못하기도 했다.

농구의 경우 혼혈선수인 문태종, 문태영 형제와 김한별 선수가 특별귀화로 한국 국적을 취득한 적이 있다. 실제 문태종 선수는 2014 인천 아시안게임 때 대표팀의 금메달 획득에 큰 공훈을 세우기도 했다. 더 나아가 한국농구연맹에서는 대표팀의 전력 향상을 위해 고양 오리온 소속의 애런 헤인즈, 여자 농구선수인 앰버 해리스 선수의 귀화를 추진했으나, 규정 숙지 미숙으로 인해 무산되기도 했다. 2016 리우데자네이루 올림픽 마라톤 종목에서 메달 획득을 목표로 추진했던 케냐 출신의 마라토너 에루페의 특별귀화는 선수의 도핑 의혹과 더불어 마라톤이라는 종목이 갖는 상징성, 귀화 선수에 대한 거부감 등 때문에 무산되었다.

물론 대한민국에서 타국으로 귀화하여 국가대표가 된 경우도 있다. 안현수 선수(러시아명 빅토르 안)의 경우가 대표적인데, 국내에서 있었던 일 때문에 한국에서 선수 생활을 이어나가기 힘들었던 그는 러시아로 귀화, 러시아 국가대표로 선수 생활을 이어나간다. 2014년 소치 동계 올림픽에서는 러시아 국기를 가슴에 품고 금메달 3개, 동메달 1개를 획득하기도 했다.

또 다른 예로는 추성훈 선수(일본명 아키야마 요시히로)가 있다. 현재 UFC, 즉 이종격투기 선수로 활약하고 있으나 본래 유도선수였던 추성훈 선수는 2001년 대한민국 유도 국가대표로 아시아 유도 선수권 대회에서 수상을 했다. 그 후 일본으로 귀화, 2002년에는 일본 대표로 아시안게임에서 금메달을 따기도 했다. 그 외에도 양궁을 비롯한 경쟁력을 갖춘 대한민국 스포츠 선수들이 타국으로 귀화하여 해당 국가의 국가대표로 여러 대회에 참가하고 있다.

귀화선수를 국가대표로 선정하는 것에 대해서는 대한민국뿐만이 아니라 세계 여러 국가에서도 지속적으로 논란이 되고 있다. 카타르의 경우, 2016 리우데자네이루 올림픽에 참여한 축구 대표팀 명단 39명 중 23명이 귀화선수였고, 2016 FIBA Asia Challenge에 참여한 국가

중 이라크, 요르단, 일본, 대만의 농구 국가대표에는 귀화선수들이 포함되어 있었다.

글의 서두에 언급한 아이스하키의 경우도 마찬가지다. 영국의 경우 1994년 국제아이스하키연맹 월드챔피언십을 앞두고 22명의 선수단 중 15명을 외국 출신으로, 1998년 나가노 올림픽의 일본 국가대표팀은 8명, 2006년 토리노 동계 올림픽의 이탈리아 대표팀은 11명의 귀화선수를 활용하여 전력을 강화하기도 했다. 육상의 경우, 여러 선진국들이 아프리카 육상선수들을 영입하여 국제대회에 참가하는 경우도 많다.

이에 대해 국제올림픽 위원회(IOC)는 둘 이상의 국적을 가진 선수라도 한 나라만을 대표할 수 있도록 규정하였으며, 국적을 바꾼 귀화선수의 경우, 이전 국가의 대표로서 국제 대회에 참가한 뒤 3년이 지난 후 타 국가 국적으로 올림픽에 참가할 수 있도록 하였다.

국제축구연맹(FIFA)의 경우 귀화규정이 더 까다로운 편이다. 만 21세까지 한 차례만 소속 국가협회를 바꿀 수 있기 때문이다. 만일 해당 선수가 A매치, 즉 성인 국가대표로 출전한 경기가 있다면 타 국가의 국가대표로 출전할 수 없다.

반면 야구 국가대항전인 WBC(World Baseball Classic)의 경우는 그 규정이 유연하다. 부모뿐만이 아니라 조부모의 국적 중 한 나라를 택해 해당 국가의 국가대표로 출전할 수 있으며 본인의 출생국이나 영주권 보유국의 국가대표로도 출전할 수 있다. 실제로 이 규정을 통해 미국 뉴욕 양키스 소속 유명 야구선수인 알렉스 로드리게스의 경우 2006년 WBC대회에는 미국 국가대표로, 2009년에는 도미니카공화국 대표로 대회에 참가하기도 했다.

　국제 경기에서 성적을 내기 위해서는 해외 경쟁력 있는 선수들의 귀화가 도움이 된다는 사실에는 이견이 없다. 하지만 국가대표를 위한 귀화에 반대하는 이들은 해외 선수들을 귀화시켜 얻은 승리는 의미가 퇴색된다는 점, 귀화의 남발은 '대한민국'이라는 정체성에 혼란을 줄 가능성이 있다는 점, 성적을 위해 선수를 돈 주고 사는 것과 다름없어 올림픽을 비롯한 스포츠 정신에도 어긋날 수 있다는 점 등에서 스포츠 선수들의 귀화를 비판한다.
　해당 선수들이 대한민국에 큰 애정을 갖고 대한민국 국민으로서 대회에 참가하고 싶은 것인지 아니면 단순히 올림픽 등 큰 대회에 참가하고 싶어 국적을 바꾼 것인지 판단하기 쉽지 않다는 점 또한 큰 문제점으로 꼽는다. 실제 귀화선수 중에는 기본적인 한국어조차도 할 수 없는 선수들이 있으며, 특별귀화의 경우 이중국적이 허용 가능해 대회가 끝난 후 해당 선수들이 본인들의 국가로 돌아가 버리거나 극단적인 경우 대회 출전 후 대한민국 국적을 포기해버릴 수 있다는 문제점이 존재한다. 또한 멀지 않은 과거만 해도 내세우던 '단일민족' 인식이 아직 국민 전반에 퍼져있는 만큼 국가대표 유니폼 뒤에 쓰인 마틴, 달튼, 안나 등 선수들 이름에 국민이 위화감을 느낄 수 있는 문제도 안고 있다.

이 외에도 국내 선수들의 발전에 오히려 악영향을 끼칠 수 있다는 점, 그리고 국내 스포츠리그에서 벌어질 수 있는 행정적, 제도적 문제 등도 문제점으로 거론되고 있다. 케냐 출신 마라토너 에루페 선수의 귀화를 추진했을 때, 황영조 국민체육공단 감독은 "에루페가 귀화하면 한국 선수들의 희망이 없어진다. 마라톤뿐만 아니라 단거리 분야에서 해당 종목 강국 선수들이 귀화하면 한국의 좋은 선수들은 타격을 입게 된다"고 말하기도 했다. 즉 국가에서 경쟁력 있는 선수들을 영입하기 시작하면 오히려 대한민국 국적의 선수들을 위한 교육, 훈련 등의 지원이 줄어들 수 있고, 이로 인해 국내 선수들의 경쟁력이 약화된다면 또다시 귀화선수들에게 의존하는 악순환이 일어날 수 있다는 논지이다.

또한 축구, 야구, 농구 등의 프로리그의 경우 팀별로 해외 용병선수의 수 제한이 있는데, 귀화선수들이 추가될 경우 그에 대한 제도 개선이 필요하다는 점, 더 나아가 사실상 귀화선수를 국내선수로 간주한다면 용병선수들을 추가적으로 사용할 수 있게 되는데 이는 프로팀들 사이에서도 모기업에서의 금전적 지원이 충분한 팀과 그렇지 못한 팀 간의 격차를 벌리게 된다는 우려도 제기되고 있다.

스포츠 선수들의 귀화를 통해 국가대표 경쟁력을 끌어올리는데 찬성하는 사람들은 대한민국의 순혈주의, 민족주의에 집착하는 것은 글로벌 시대, 다문화 시대라는 흐름에 역행하는 것이며, '대한민국'의 위상 제고와 국위 선양을 위해 외국의 우수 인재 영입은 당연하다고 주장한다.

국가 간의 경쟁과 각국 국민들의 응원을 통해 스포츠 종목이 발전해온 측면은 절대 부인할 수 없다. 하지만 귀화 찬성론자들은 이 같은 스포츠 내셔널리즘은 승리 지상주의, 국수주의 등을 부추기고, 이는 역사적으로도 독재나 전체주의에 이용된 경우도 있었던 만큼 순혈주의, 민족주의에서 벗어나야 한다는 입장이다.

이들은 외국인 선수들의 의사에 따른 귀화의 경우 그들을 포용하는 자세를 지닐 필요가 있다고 주장한다. 단순히 선수들을 돈, 명예 등으로 유혹하여 단기 성과를 위해 선수들의 국적을 바꾸는 것이 아닌, 해당 선수가 한국에 대해 큰 애정을 지니고 있고, 귀화 의지가 크다면 충분히 그들을 포용하고 국가대표로서 인정해야 한다는 논지이다.

점점 국경의 의미가 퇴색되어가는 국제화 시대인 오늘날에는 올림픽을 포함한 여러 국가대항전의 의미가 '경쟁'에서 '화합'으로 변해가고 있다. 이러한 추세를 보았을 때, 국적을 바꾸는 일은 더 이상 본국에 대한 '배신'의 의미가 아니다. 선수가 진정으로 대한민국을 사랑하고, 대한민국 국민이자 우리 사회의 일원으로서, 자신의 능력으로 우리 공동체를 빛나게 하고 싶다면, 그들 스스로 '국적'을 선택하게 할 수 있도록 해주는 것 또한 하나의 '인권'으로서 지켜주고, 보호해줘야 할 권리라고 생각한다.

난민 출신 챔피언 복서,
이흑산

대부분 귀화 선수들의 경우 태극마크를 달기 위해, 활약하고 있는 한국프로리그에서 국내 선수로 인정받기 위해(혹은 프로팀의 요구로), 국가 차원의 스카우트로 또다른 도전과 더 나은 처우를 위해 귀화를 준비하는 경우가 많다. 하지만 본인의 목숨과 인생을 위해 귀화를 시도하고, 전자와는 다르게 굉장히 힘든 과정을 거쳐 대한민국 국적을 얻으려는 선수가 있다. 바로 복싱매니지먼트(이하 복싱M) 슈퍼웰터급 챔피언 이흑산(압둘라이 아싼, 춘천 아트복싱체육관 소속) 선수이다.

카메룬 출신인 이흑산 선수는 군부대 복싱선수 출신이다. 카메룬의 수도인 야운데에서 태어난 이흑산 선수는 부모 없이 할머니 슬하에서 자랐다고 한다. 어린 시절 가난했지만 복싱을 통해 열정을 토해냈고, 성인이 된 후에는 직업군인 겸 권투선수를 구한다는 소식을 듣고 입대를 했다.

군 선수로서의 삶은 힘들었다. 그는 정식 군인으로도, 정식 선수로도 대접받지 못했다. 군인이기 이전에 선수였기에 군사훈련을 받지도 못했고, 월급도 제대로 받지 못했으며 단지 군인 국제대회를 위한 선수로만 존재했을 뿐이었다. 월급도 제대로 받지 못하는 상황에서 처우가 좋을 리 없었다. 훈련 중 당한 부상을 치료하기 위한 지원을 해주지 않아 자비로 치료해야 했고 경기 대전료가 유일한 수입이었지만 군에서 그 절반을 가져갔다. 이흑산 선수는 시장에서 장사를 하며 부족한 수입을 메웠다고 한다. 생활고에 시달리던 이흑산 선수는 2008년, 군 몰래 민간복싱대회에 출전하기도 했다. 결국 군에 걸린 그는 감옥으로 끌려가 두 달간 채찍질을 당하는 고초를 겪기도 했다.

2015년, 이흑산 선수는 카메룬 대표로 당시 문경에서 개최된 세계군인체육대회에 참가했다. 대회가 한창 치러지던 다섯째 날, 그는 선수단 버스에서 내려 도망쳤다. 남북한으로 분단된 국가라는 것만 알았던 그에게 대한민국은 살기 위한 마지막 도전이었다. 탈영 직후 신청한 난민 신청은 거절당했다. 대한민국에서 난민 지위를 얻기란 너무 힘들었다. 신청 인원의 3% 안에 들지 못했다. 본국으로 송환된다면 사형까지 당할 위기였다. 하지만 다행히 그는 복싱을 그만두지 않았고, 한국챔피언에 오르면 난민지위를 인정받을 확률이 늘어난다는 소식을 들었다. 천

안 아트복싱짐에서 운동을 시작한 그는 체계적인 훈련 자체가 처음이라고 할 정도로 다듬어지지 않았었다. 하지만 선천적으로 뛰어난 피지컬, 살고자 하는 절박함이 그를 더 성장시켰다.

2016년 데뷔전에서 판정승을 거둔 그는 2017년 5월, 복싱M 슈퍼웰터급 챔피언에 오른다. 그의 절박한 스토리는 언론을 통해 많은 사람들에게 알려졌다. 2017년 7월, 그는 대한민국 법무부에서 난민 지위를 인정받게 된다. 난민 지위를 받았다 하더라도 이는 추방을 당하지 않을 뿐 아직 대한민국 국적을 취득한 것은 아니다. 2017년 11월, 한국의 프로복싱협회 소속 선수로서 일본 선수와의 국제전(vs 바바 카즈히로 3회 KO승)을 치르기도 했던 그는 경기 전 인터뷰에서 대한민국 국적을 갖는 것을 꿈꾸고 있다 밝혔다.

이흑산 선수는 2018년 현재, 세계복싱협회(WBA) 아시아타이틀 매치를 앞두고 있다.

팬들의 알 권리

VS

선수들의 사생활 침해

2016년, 대한민국을 떠들썩하게 했던 정유라의 입시 부정 논란이 일던 때였다. 당시 정유라는 이화여자대학교 체육대학에 부정 입학한 사실과 더불어 재학 중에도 부정한 방법으로 성적을 올렸던 사실이 드러나 전 국민의 분노를 샀다. 교수가 대리 수강신청을 하고, 결석을 문제 삼지 않으며 과제의 수준이 굉장히 낮은데도 높은 학점을 받은 것이 문제시되었다.

이때, 아무도 예상치 못한 피해자가 나왔다. 바로 피겨선수인 김연아 선수였다. 김연아 선수가 고려대학교에 재학하던 시절, 국제대회에 나가 우승을 하고 돌아왔음에도 불구하고 F 학점을 받았던 일이 재조명된 것이다. 정유라 측이 주장한 '국내, 국제대회 참여 시 과제 대체 출석 인정' 등의 주장을 정면으로 반박하게 된 사례이자 김연아 선수, 고려대학교 측이 지금까지 정상적인 기조를 유지해왔다는 것을 보여주는 사례였다. 하지만 과연 김연아 선수의 학점이 공개된 것이 바람직할까? 이 사례에 대한 김연아 측의 입장발표는 찾기 힘들지만, 본인의 좋지 못한 학점 공개는 충분히 민망했을 것이다.

현대 사회에서 권리의 종류는 다양하다. 하지만 여러 권리의 궁극적인 목적은 모두 동일하다. 사람들의 인권을 충족시켜주어 그들의 삶이 인간이라는 하나의 존재로서 존중받는 삶을 살 수 있도록 하는 것이다. 하지만 궁극적 방향성, 목표가 같음에도 불구하고 그 과정에서 권리끼리 경합하는 경우가 발생한다. 그 대표적인 예가 '국민의 알 권리, 표현의 자유'와 '사생활을 보호 받을 권리'의 상충이다.

우선 국민의 '알 권리'는 국민 개개인이 정치·사회를 비롯한 현실 등에 관한 정보를 자유롭게 알 수 있는 권리, 혹은 이러한 정보에 대해 접근할 수 있는 권리를 말한다. 알 권리는 민주주의의 발전과 밀접한 관련이 있다. 기존에는 어떠한 사상, 의견 등을 이야기하는 권리를 보장하면 당연히 그 사상과 의견을 듣는 사람들의 권리 또한 보장되는 것이라 생각했다. 하지만 신문, TV 등의 정보전달 수단이 일방적이고, 경우에 따라 정부 혹은 방송국에서 제공하고 싶은 정보만 제공하는 등 국민에게 제공되는 정보들이 제한될 여지가 충분했다. 실제 과거 군부독재 시절에는 언론 탄압을 통해 독재자가 원하는 정보만을 신문에 실을 것을 강제하기도 했다.

이러한 문제를 극복하기 위해 국민들 스스로가 정부, 정보제공 기관에 정보를 요청하거나 공개하기를 요구하는 권리인 '알 권리'가 대두되었다. 이는 지금까지 수동적으로 주어지는 정보를 받아들이던 수용자가 적극적으로 정보를 찾아내는 능동적 주체로 탈바꿈하게 되도록 만들었다. 결국 알 권리는 인간이 하나의 독립적인 인격체로서 그 인격을 형성, 발전하는데 필요한 진실과 정보를 위해 필요한 사상, 의견 등을 구할 수 있어야 한다는 점을 인정한 것이다.

현재 우리나라에서 알 권리는 헌법상 명문화 되어 있지 않다. 하지만 국민주권, 표현의 자유, 인간의 존엄성, 행복추구 등을 근거로 국민의 알 권리를 인정하고 있다. 알 권리를 인정하도록 하는 근거가 다양한 이유는 알 권리의 내용이나 기능이 넓고 다양하기 때문이며 그 범위를 한정하지 않기 위해서이다. 헌법상 규정되어있는 다양한 인권, 기본권이 실현되기 위해서는 관련 지식, 정보 없이는 실질적으로 실현되기 어려우므로 국민의 알 권리는 곧 모든 인권의 기본적인 전제라고 볼 수 있다.

알 권리는 정보수령권과 정보수집권으로 나누어진다. 정보수령권은 제공되는 정보를 인지하거나 소지할 수 있는 권리를 말하는데, 언론매체, 정부의 보도 등을 통해 일방향으로 전달되는 정보를 수집, 취사선택 하는 소극적인 권리를 말한다. 정보수집권은 한 개인이 스스로 정보를 얻기 위해 적극적으로 노력하고 행동하는 것에 대한 권리이다. 정보수집권은 공권력 등에 방해받지 않을 권리와 공권력에 대한 정보의 공개 청구를 모두 포함한다.

알 권리와 함께 자주 언급되는 권리는 표현의 자유이다. 표현의 자유는 헌법상 명시되어 있는 권리다. 헌법 제21조 제1항은 '모든 국민은 언론·출판의 자유와 집회·결사의 자유를 가진다'고 규정하고 있다. 이 중에서도 언론, 출판의 자유는 표현의 자유의 대표 격으로 사상과 의견을 자유롭게 표명, 발표할 수 있고 그것을 자유롭게 전파할 수 있는 권리이다.

표현의 자유 또한 민주주의의 발전과 밀접한 관련을 맺고 있다. 민주주의에서 국민들은 투표권 행사를 통해 그들의 주권을 행사한다. 이때 국민의 정치적 의사를 형성, 전달하는데 절대적인 역할을 하는 것이 언론이고, 건전한 여론이 형성되기 위해서는 이 언론이 본인들의 전달하고 싶은 바를 자유롭게 전달할 수 있어야 했다. 언론 보도는 정당, 정책에 대한 적극적인 비판과 토론을 가능하게 했고, 정치에 대한 국민의 관심을 도출해냈으며 이는 국민들의 정치참여라는 결과물을 만들어냈다. 다시 말해 언론, 출판의 자유는 국민들이 정부의 정치를 감시하고, 권력자에 대해 자유로운 비판을 할 수 있으며, 동시에 소수의 의견 또한 경청할 수 있는 기회를 얻는 등, 민주제의 참모습을 위해 반드시 필요한 권리이자 자유이다.

이렇듯 알 권리는 공권력의 불투명한 정책, 권력행사 등을 지양하고 민주주의와 국민주권을 찾고자 시작됐다. 즉 개인과 국가 사이의 관계를 규율 하는 권리였다. 하지만 시간이 흐르고 사회가 변하며 그 범위가 개인과 개인 간 관계까지 확장되고 있다. 그리고 그 범위를 넓혀 스포츠 스타, 연예인들의 삶까지 알고 싶어하는 사람들이 본인들의 욕구를 정당화하기 위한 하나의 명분으로 사용하고 있다.

앞에서 언급한 김연아 성적표의 경우 외에도 그러한 사례들을 찾아보기는 어렵지 않다. 김연아 선수와 아이스하키선수인 김원중 선수 간의 데이트 사진이 찍혀 연애 사실이 드러났던 사례, 배드민턴 선수인 이용대 선수와 일반인 여자친구간의 데이트 사진이 인터넷에서 화제가 되었던 사례, 축구선수 기성룡 선수가 개인적인 SNS에 비공개 글로 당시 국가대표 감독이었던 최강희 감독을 조롱했던 일이 외부로 밝혀졌던 사례, 야구선수들이 성적이 부진할 경우 그들의 사적인 시간 때 즐긴 여가활동(클럽, 술자리 등) 등을 들먹이며 그들을 비난한 사례 등 무궁무진하다.

선수, 연예인들에 대한 이러한 일련의 관심은 '사생활 침해', '인격권 침해'로 이어지는 경우가 대부분이다. 스포츠 선수들, 연예인들의 사생활이 드러나는 현상이 발생하는 이유는 그들이 이제 공인으로 간주되기 때문이다. 기존 정부 관리, 사회적 주요 인사로 시작된 공인의 개념은 그 범주가 더욱 넓어졌고, 이제는 미디어 노출이 잦은 스포츠 스타, 연예인, 심지어 아나운서까지 공인으로 불리고 있다.

공인의 경우, 일반인들보다 사생활 보장의 범위가 더 좁아진다는 특징이 있다. 공인이 되는 것은 대중들의 관심을 받겠다는 의미이고, 이는 곧 사생활의 일정 부분은 공개하겠다는 것을 암묵적으로 용인한다고 간주하기 때문이다. 일반적으로 공인에 관련된, 그리고 공익과 관련된 영역에서의 사생활 보도는 용인되고 있다. 실제 우리나라 대법원에서는 '공적 인물은 사생활의 비밀과 자유가 제한되어 그 공개가 면책되는 경우도 있다'라고 판시하며 유명인의 사생활을 공개한 자들을 처벌하지 않은 사례들이 있었다.

그렇다고 해서 공인들의 사생활을 침해하는 것이 정당화될 수 있을까? 공인도 우리와 같은 사람이고, 한 국민이다. 즉, 우리가 보장받는 기본권은 공인도 보장받을 수 있어야 한다. 우리나라 헌법은 다음과 같이 규정한다.

> "모든 국민은 인간으로서의 존엄과 가치를 가지며, 행복을 추구할 권리를 가진다(제10조). 모든 국민은 사생활의 비밀과 자유를 침해받지 아니한다(제17조). 언론·출판은 타인의 명예나 권리 또는 공중도덕이나 사회윤리를 침해하여서는 아니 된다. 언론·출판이 타인의 명예나 권리를 침해한 때에는 피해자는 이에 대한 피해의 배상을 청구할 수 있다(제21조 제4항)."

우리의 알 권리가 우리의 인권이자 민주주의의 토대가 되는 기본권이듯, 스포츠 스타를 비롯한 유명인들의 행복추구권, 사생활을 비밀로 할 수 있는 권리 또한 인간의 존엄성과 가치를 지키기 위한 기초적인 권리이다. 인권 간의 충돌인 만큼, 섣불리 어느 한 권리가 더 중요하고 우선시해야 한다고 단언하기는 힘들다. 현재 우리나라 법률에서는 공인에 대한 기준과 그 보도의 공익성에 대한 가이드라인이 제시되어 있으며, 실질적인 법률 공방에서는 사건별로 알 권리, 표현의 자유로 얻어지는 사회적 이익과 개인의 사생활, 인격권을 보호함으로써 얻어지는 가치를 비교하여 사회적 이익이 어느 쪽이 더 큰지에 따라 판단한다.

　일반적으로 개인의 사적 관계에 대한 정보 공개는 표현의 자유보다는 사생활, 명예 보호라는 인격권을 더 우선시한다. 표현의 자유가 우선시되는 것은 그 표현이 공적, 사회적, 객관적 성격을 띠고 있어야 하며, 민주주의의 발전이나 최소한 민주주의의 후퇴를 막기 위한 경우에 한해야 하기 때문이다.

　혹자는 공인의 연애, SNS, 개인적인 시간을 어떻게 보내는지 등 일거수일투족 모두가 공개되어야 하며 이는 헌법재판소와 대법원이 제시한 '널리 국가, 사회 기타 일반 다수의 이익에 관한 것뿐만 아니라 특정 사회집단이나 그 구성원 전체의 관심과 이익에 관한 것', '공인이나 공적 기관의 공적 활동'에 부합한다고 주장한다.

　하지만 스포츠 스타의 사생활을 감시하기 위해 수십 명의 사진기자가 일상에 따라붙고, 주변인들과만 소통하기 위해 비공개로 올린 글을 공론화시키는 것이 공공의 이익과 공공의 관심을 위한 공적 활동이라고 볼 수 있을까? 스포츠 스타의 공적 활동은 선수가 '선수'로 있을 때로만 한정해야 한다. 그가 경기장에서 어떤 모습을 보이는지, 그가 훈련을 어떻게 하는지, 어떠한 팀으로 이적하는지 등은 '선수'로서의 모습인 만큼 공적 활동으로 간주될 수 있다. 따라서 이에 대한 정보는 우리의 알 권리를 위해 공개를 요구할 수 있고, 미디어는 시민의 알 권리 충족을 위해 보도할 수 있다. 하지만 그의 연애, 학교 성적, 개인 SNS 등은 선수가 아닌, 하나의 개인으로서의 활동이며 이는 우리가 절대 침범해서는 안 될 사생활의 영역이다. 그들도 유명인이기 전에 한 국민이고, 한 인격체이다. 누구나 자신의 사생활을 보호받고 싶어 하듯 그들의 사생활 또한 지켜주어야 한다는 자세가 필요하다.

롯데 자이언츠
CCTV 사찰 사건

'알 권리'를 명분으로 했던 것은 아니지만 CCTV로 선수단을 감시하며 그들의 사생활을 침해한 초유의 사태가 한국프로야구에서 일어났다. 바로 2014년에 벌어진 롯데 자이언츠의 CCTV 사찰 사건이다.

2014년, 한국프로야구 프로팀 롯데 자이언츠 소속 선수들은 이상함을 느끼기 시작했다. 늦은 야밤, 새벽에 본인들이 어디를 다녀왔는지, 들고 있던 것은 무엇인지 코치들에게 추궁을 당하기 시작했는데, 분명 코치들이 선수들을 직접 보지 않았음에도 상황이나 시간, 들고 다닌 물건들에 대해 너무 자세히 알고 있었기 때문이었다. 처음에는 호텔 직원들의 귀띔으로 알았을 것이라 생각했었으나, 점점 구단이 CCTV를 통해 선수들을 감시한다는 소문이 돌았다. 그리고 얼마 지나지 않아 그 소문이 사실로 드러났다. 결국 선수단은 당시 구단 사장이었던 최하진 사장과 면담을 요청했다.

선수단 대표와의 면담에서도 최하진 사장은 누가 CCTV 사찰을 지시했는지 이야기하지 않았다. 선수단은 권두조 수석코치와 이문한 운영부장을 의심했다. 선수단은 권 수석코치와 이 부장의 퇴진을 요구했고 최 사장은 구체적 해명 없이 선수단의 요구를 받아들였다. 이후 권 수석코치와 이 부장은 최 사장에게 '출근은 하되 현장에 내려오지 말라'라는 지시를 받았다고 한다. 이유를 묻는 두 사람에겐 '선수들이 원정 식사, 교통비, 훈련량 등에 불만이 많다'라고만 말할 뿐 CCTV 사찰에 대해서는 아무런 언급을 하지 않았다.

하지만 밝혀진 사실은 더 놀라웠다. CCTV 사찰을 지도한 사람은 다름 아닌 최하진 사장이었다. 실제 그는 시즌 시작 전, 원정경기 숙소를 알아보며 호텔들에 CCTV의 위치와 영상자료 제공 등을 요구했고 그 요구에 응한 호텔들과 계약했다. 4월~6월까지 롯데 측이 만들었던 '2014년 원정 안전대장'에는 사찰 일자, 선수들의 외출시간, 귀가 시간, 선수명, 그리고 비고란에 무엇을 했고 누구와 동행했는지 등이 구체적으로 기록되어 있었다.

구단 프런트 측에서도 이러한 사찰은 사회적 물의가 일 것을 우려, 선수단 감시를 반대했으나 최 사장은 '운동선수는 절대 술을 마시면 안 되고 야구에만 몰두해야 한다'는 그의 신념에 따라 선수단 감시를 강행했다. 당시 단장까지 말렸던 CCTV 사찰은 그렇게 시작됐고, 5월

25일 선수들의 항의 후에도 계속되었다. 구단 프런트에서는 안전대장의 비고란 등을 누락시키는 방식으로 선수들의 인권을 조금이나마 챙겨주었으며 감독과 선임급 선수들에게는 에둘러 조심할 것을 당부하기도 했다고 한다.

CCTV 사찰은 6월이 되서야 끝이 났다. 이 또한 최 사장의 그만하라는 지시가 아닌, 구단 관계자가 최 사장에게 보고하지 않아도 더 이상 최 사장의 특별한 반응이 없자 그만둔 것이라고 한다. 추후 이 부장과 권 수석코치는 사실을 알고 선수단과의 오해를 풀려 했으나 이 또한 최 사장이 '세월이 지나면 묻힐 것'이라며 막았다는 사실도 밝혀졌다.

이 사건은 2014년 11월, 최하진 사장과 배재후 단장이 책임지고 사퇴하는 것으로 일단락났다. 국가인권위원회에서도 해당 사안이 중대하다고 판단, 조사에 착수했다. 인권위원회에서는 경기, 훈련 등 선수들의 일과가 아닌 선수들의 휴식과 사생활이 보장되어야 하는 숙소에서 CCTV를 통해 그들을 감시한 것은 개인정보보호법 위반이며 헌법 제10조 및 제17조가 보장하는 사생활의 비밀과 개인정보 자기결정권을 침해한 행위라고 판단했다. 인권위에서는 KBO(한국야구위원회) 총재에게 재발 방지 대책이 필요하다는 의견을 표명했다.

선수들의 학습권 VS 훈련권

나는 2012년, 서울 목동에 소재한 양정 고등학교를 졸업했다. 양정 고등학교는 엘리트 체육으로 럭비부와 농구부를 운영했다. 당시는 엘리트 운동부 선수들이 학습권을 보장받지 못하던 시절이었다.

반마다 3~4명의 선수가 있었는데, 그들은 아침에 일어나 밥을 먹기 전까지 운동을 하고, 오전 1~4교시 수업을 들은 후 점심시간 이후에는 수업을 듣지 않은 채 훈련에 몰두하였다. 럭비부 선수들의 경우, 럭비부를 운영하는 고등학교 수는 적은 반면 연세대, 고려대, 경희대를 비롯한 비교적 많은 대학교에서 럭비부를 운영하여 적지 않은 학생들이 특기자 전형으로 대학에 진학할 수 있었다. 그럼에도 럭비부 친구들은 불투명한 미래에 많은 걱정을 하고 있었다.

당시 같은 반에서 공부했던 럭비부 친구가 했던 말이 기억난다.

"나는 대학 가는 건 비교적 수월할지 몰라. 그런데 그 이후에 어떻게 해야 할지 모르겠다. 실업팀이 있긴 하지만 프로팀이나 리그가 있는 것도 아니고, 인기종목처럼 유소년 팀이 있어 코치로 활동하기 쉬운 것도 아니고… 선배들도 체육교사를 하는 경우 아니라면 너희들처럼 일반 회사에 들어가 운동선수가 아닌 채로 살아가던데 나도 그러려면 공부를 해야 하잖아? 지금까지 19년 동안 운동만 하고 공부는 해본 적 없는 내가 대학에 가서 공부를 할 수 있을까? 내가 럭비로 좋은 대학을 간다면 오히려 공부는 더 못 따라가는 거 아닐까?"

2013년 학교체육진흥법이 공포, 시행될 때까지 중고등학교 엘리트 선수들은 체육특기자 전형으로 대학 진학이나 프로 진출을 위한, 국내외 여러 대회에서 메달을 따기 위한 삶을 살았다. 훈련, 경기, 대회 참가를 위해 밥 먹듯이 수업을 빠졌고, 수업시간 교실에 있다 하더라도 대부분 책상에 엎드려 자거나, 딴생각을 하는 등 수업에 집중하지 못했다. 너무나도 당연한 모습이었다. 선수 생활을 시작할 때부터 공부를 놓아버린 대부분의 학생 선수들은 수업 진도를 따라가기 힘들어했다. 기초가 되어 있지 않으니 수업 내용이 이해되지 않았고, 결국 공부에 대한 흥미를 잃어버리거나 따라가는 것 자체를 포기하는 경우가 많았다.

우리나라 엘리트 체육 기조로써 선수들이 경기력 자체에 집중하는 방식은 성적 면에서는 의미 있는 성과를 만들어냈다. 매번 올림픽에서 10위권의 성적, 그리고 아시안게임에서는 중국에 이어 2위권의 성적을 내며 동계 올림픽, 유니버시아드 대회 등 여러 국제대회에서 좋은 성적을 거둘 수 있었던 것은 엘리트 중심의 스포츠 정책이 분명 한몫했다. 하지만 이 방식은 심각한 부작용을 만들어냈다. 체육 선수들이 선수로서의 생활을 그만두고, 은퇴하는 순간 아무것도 할 줄 모르는 사람이 되어버리는 경우가 너무 많았기 때문이다.

지금까지 태극마크를 가슴에 달았던 인원은 약 60만명이라고 한다. 그중 연금을 받는 수는 1,200명으로 약 5%에 불과하다. 연금은 일반적으로 올림픽, 아시안게임 메달리스트들에게 주어지는 만큼 메달리스트들의 숫자도 이와 비슷할 것으로 추정된다. 물론 메달리스트들이라고 미래가 보장된 것은 아니다. 연금의 액수가 그리 많은 것도 아니며 연금수령 때문에 국가로부터 나오는 최저생계비 지원을 받지 못하는 경우도 있다. 아시안게임 역도 금메달리스트 김병찬 선수가 생활고 끝에 사망한 사례가 그 예이다. 하지만 여전히 메달리스트들의 경우 본인 종목의 국가대표, 프로 및 실업팀, 학교 선수부 감독 및 코치로 활동할 수 있는 가능성이 제일 높다.

인기종목인 축구, 야구의 경우 선수부 외에도 유소년 클럽, 생활체육 클럽 등이 활성화되어있다. 덕분에 이들의 경우 비국가대표 출신 선수들도 프로 경력 등을 통해 그 종목의 감독, 코치, 트레이너 등으로 은퇴 후 진출할 수 있고, 그 진출 가능성 또한 낮지 않다. 비인기 종목의 경우 선수부들의 수가 적어 메달리스트마저 해당 종목의 감독, 코치 등으로 일하기 쉽지 않다. 이 때문에 그들은 일반 체육 교사, 생활 체육 교사, 트레이너 등으로 진출하는 경우가 많다. 그래도 이들은 여전히 본인의 종목, 본인의 필드에서 일할 기회가 열려있는 편이다.

이러한 엘리트 위주의 스포츠 정책에서 가장 큰 피해자는 학창시절 수년, 혹은 10년이 넘는 시간을 운동에 투자했음에도, 결국 선수가 되지 못한 학생들이다.

여기서 가장 큰 문제는 이 수가 절대 적지 않다는 점이다. 만일 1만 명의 학생이 중학교 1학년 때 선수 생활을 시작했다면 이 중에서 대학교에 선수로 진학하는 학생은 7.5%에 불과한 750명, 대학교 3학년 때까지 선수로 활동하는 학생은 2.5%인 250명에 불과하다고 한다. 운동 중단 비율은 중학교 1학년~고등학교 1학년 때까지는 약 24%의 수치를 나타내며 고등학교 2학년 때는 18%, 고등학교 3학년 때 44.4%의 수치를 나타낸다. 대학교 진학 후에도 1학년 때 37.5%, 2학년 때 44.9%의 학생들이 선수의 꿈을 포기하고 일반 학생으로 돌아온다. 이들의 경우, 앞에 언급한 메달리스트, 국가대표, 프로 및 실업팀 선수 출신들에게 밀려 본인이 활동했던 종목에서 일하기란 결코 쉽지 않다. 그리고 이들의 인생은 그 누구도 책임지지 않는다.

한림대학교 이학준 교수는 그의 논문에서 학생 선수들을 동물쇼의 동물로 표현했다. 동물원에서 사람들의 눈길을 가장 많이 끄는 동물 쇼. 이 쇼에 나오는 동물들은 사람들의 욕구를 충족시키기 위해 무대 뒤에서 더 많은 훈련을 받아야 하고, 이는 동물 학대로 이어질 확률이 높다. 우리는 이 사실을 알면서도 인간의 즐거움을 위해 묵인하고, 동물들의 쇼를 보며 손뼉을 친다.

학생 선수들도 마찬가지다. 그들이 교육받지 못하는 상황에서 선수가 되는 데 실패했을 경우 다른 선택지가 없을 수 있다는 점을 우리는 안다. 하지만 그 사실을 알면서도 우리는 그들의 성과와 뛰어난 경기력만을 기대하며 가학적인 훈련과 학습권 배제라는 인권 탄압을 묵인하고 있다는 이야기이다.

현재 대한민국에서 학생 선수들의 학습권 보장을 위해 여러 정책을 펼치고 있다. 대학리그를 출전하기 위해서는 두 전적 학기의 평점이 C0를 넘어야 한다는 C0룰이 그 대표적이다. 교육부의 보도자료에 따르면 앞으로도 여러 정책을 개선, 적용시킬 예정이다. 초, 중, 고교 선수들이 정규 수업 이수 후 훈련에 참가하도록 하는 원칙을 강화하고, 보충학습을 위해 온라인 스쿨 시스템을 운영하며 2021학년도는 고입 체육 특기생들의 내신성적(최저학력제)을 의무 반영할 예정이다. 평일 수업시간을 빠지며 대회에 참가하는 것을 최대 수업일수의 3분의 1로 제한하고, 학생 선수들이 최저학력 기준치에 미치지 못하는 경우 대회 참가 또한 제한시키는 방법을 검토 중이다. 대학 선수들의 경우, 수업

대체 인정 기준 및 그 상한선을 마련할 예정이며 프로팀 입단자들의 학사 특례를 없애고 선수들이 수업과 운동을 병행 가능하도록 튜터링 제도 등 맞춤형 학습지원 시스템을 갖출 예정이다.

하지만 너무 급격히 바뀐 탓일까, 선수들의 학습권 보장을 위한 일련의 정책은 현재 여러 문제점을 드러내고 있다. 그 대표적인 모습으로 10여 년간 운동만 해온 대학생 선수들이 해당 정책을 따라가기 버거워하는 모습을 들 수 있다. 전적 두 학기 학점이 C0를 넘지 못하면 시합에 참여하지 못한다는 정책. 이 정책이 시행되고 연세대학교 축구부의 경우 절반이 넘는 선수들이 출전 제한에 걸려 연세대 축구팀이 대회 자체에 참가하지 못 하는 일이 발생했고, 여러 대학 농구부의 경우에도 많은 선수들이 대회에 참가하지 못 했다.

누군가는 C0라는 성적을 받지 못한 대학 선수들을 비판할 수도 있다. 하지만 연세대, 고려대의 경우 선수들과 함께 전공 수업을 듣는 비선수 출신 체육대학 학생들의 수능성적이 1등급~2등급 사이이며 교양을 함께 듣는 타과 학생들의 경우 전국 1% 내외의 성적으로 입학했다는 사실을 인지해야 한다. 입학성적의 차이만 조금 있을 뿐, 경희대, 한양대 등 다른 대학들도 마찬가지다. 학생 선수와 일반 학생들 간의 누적학습량의 차이는 이미 어마어마한 상태다. 학습권 보장 반대론자들은 이러한 차이를 고려하지 않은 채 일방적인 C0라는 기준을 제시한 것을 문제 삼고 있다.

더 나아가 해당 룰 자체가 '차별'일 수 있다는 논란까지 불러일으켰다. 수시입학 특기자 중 연기, 음악, 미술 등으로 입학한 학생들의 학점이 낮다고 그들이 추후 방송 출연, 공연, 전시회 준비 등을 제한하는 정책은 없는데도 불구하고 체육계열 학생들에게만 불이익을 주고 있다는 비판이다.

학습권으로 인해 학생 선수들의 훈련할 수 있는 권리가 침해된다는 주장도 있다. 학생 선수이긴 하지만 그 학생의 꿈은 엄연히 운동선수다. 프로리그에 진출하는 것이 꿈이든, 태극마크를 달고 메달을 따 오는 것이 꿈이든 그들의 목표는 운동선수로서 성과를 내는 것이다. 그들에게 공부란 본인이 목표한 '운동'에서 실패했을 때를 대비한 하나의 보험과 같은 성격을 띠고 있다. 그런 그들에게 학습을 강제하는 것은 그들이 목표로 하고 있는 운동을 할 수 있는 시간과 기회를 빼앗아 간다는 논지이다. 우리가 서울대를 목표로 공부하는 학생에게 운동을 권장하기는 하지만 강제하지는 않듯, 아무리 명분이 좋다 한들 본인의 목표를 나아가기 위한 활동을 방해하는 것은 오히려 인권 침해라는 점을 강조한다.

또한 반대론자들은 이러한 일련의 정책으로 인해 훈련시간 및 훈련량이 줄어들고, 이 때문에 국가 스포츠 경쟁력 자체가 저하된다고 주장한다. 훈련 시간이 줄어들면 선수들의 경기력도 저하될 수밖에 없다는 논지이다. 더 나아가 일부 학교에서는 학습권 보장으로 인해 줄어든 훈련 시간을 새벽, 야간 훈련으로 보충하는 바람에 학생 선수들의 개인 생활, 수면시간까지 줄어드는 경우도 존재한다며 훈련할 수 있는 권리가 학습권보다 우선시 되어야 한다고 주장한다.

　반대 논리가 타당한 측면도 있지만 학생들의 학습권은 보장되어야 한다. 학생들의 학습권이 보장되어야 하는 이유는 다음과 같다.

　첫 번째는 다양한 직업 선택의 가능성을 위해서다. 운동만 해서는 추후 선택할 수 있는 직업이 선수, 코치, 감독 등으로만 한정된다. 더 나아가 이 또한 선수를 그만두지 않았을 경우에 한하는데 학창시절 교육을 받는다면 중도 포기를 하더라도 다른 길로 나아갈 수 있다. 모든 학생 선수들이 운동으로 성공하기는 힘든 만큼 다양한 가능성을 열어 두기 위해 그들의 학습권은 꼭 지켜져야 한다.

　두 번째는 능동적인 삶을 위해서이다. 학창시절 훈련만 반복하는 것은 운동하는 기계가 되는 것에 불과하며 일반 상식과 교양을 얻기 위해서라도 교육은 꼭 필요하다. 더 나아가 교육은 생각하는 힘을 키워준다. 학생 선수가 수동적인, 일방적인 훈련방식만을 받아들이는 것이 아니라 본인 스스로 부족한 부분을 찾아내 연습한다든가, 경기 중 창의적 사고를 통한 창조적인 플레이를 하는 것 등은 본인 스스로가 생각해야만 만들어질 수 있다. 더 나아가 학생 선수들 관련 물리적 폭력, 언어 폭력 등은 그것을 당연하다고 수긍하는 것이 아닌, 잘못되었다는 것을 스스로 생각해낼 수 있는 경우에만 없어질 수 있다.

세 번째는 학교 교육의 목적이다. 학교 교육은 단순히 지식의 전달에 그치지 않는다. 지식의 전달 외에 친구들과의 교류를 통한 사회성 함양도 학교 교육의 큰 목적이다. 하루 종일 훈련만 하는 학생 선수들에게 팀원을 제외한 일반 또래 학생들과의 우정을 쌓기란 쉽지 않다. 수업을 통해 교양과 상식을 공부하고, 이를 토대로 다른 친구들과 자연스레 교류하며 사회생활이라는 것을 익힐 수 있어야 한다.

분명 지금은 과도기인만큼 많은 시행착오들이 존재한다. 하지만 시간이 지나며 시행착오들은 고쳐지고 있다. 평일, 주말을 불문하고 대회 참가 횟수를 일정 수준으로 제한하던 정책이 학생 선수, 코치진들의 요구로 주말 대회의 경우 그 제한을 철회한 것이 그 예이다. 이러한 예들을 본다면 교육부를 비롯한 정책결정자들이 결코 현장의 목소리를 묵살하고 있지 않다는 것을 알 수 있다. 선수들의 기본 소양을 위해, 그들이 은퇴 후에도 살아가는 데 어려움이 없도록, 선수 생활을 그만두는 일이 있더라도 다른 일을 할 수 있도록, 학습권은 학생 선수들에게 반드시 보장되어야 하는 권리이다.

미국 메이저리그 야구팀 탬파베이 데블레이스에서 무려 35살이라는 늦은 나이에 데뷔한 짐 모리스라는 투수가 있었다. 짐 모리스는 야구팀 입단 테스트를 받기 전 고등학교 화학 선생님이었다. 우리나라에도 선생님 출신 야구선수, 회사원 출신 축구선수, 은행원 출신 농구선수들이 나올 수 있기를 바라며 동시에 선수들이 은퇴해 선생님이 될 수도, 회사원이 될 수도 있는, 선수 자신이 바라는 제2의 삶을 사는 것이 어렵지 않은 환경이 갖추어지기를 바란다.

학생 선수의 권리 제한
- 투구 수 제한

학습권에 의하지 않아도 학생 선수들의 권리를 제한하는 경우가 있다. 바로 야구에서의 '투구 수 제한'이다. 투구 수란 투수가 던진 공의 수를 의미한다. 대한야구소프트볼협회에서는 기존 고교야구 기준 한 경기에 130구를 투구한 경우 다음 경기 의무 휴식을 포함한 투구 수 제한을 개정하며 다음과 같은 규정을 2018년부터 적용하기로 했다.

구분	1경기 이닝 제한	투구 수에 따른 1일 의무 휴식	연투 금지	다음 날 경기 포지션 제한
초등부	3이닝	60개 이상	3일 연투 금지	투수, 포수
중학부	4이닝	60개 이상		투수
고교부	1일 초대 투구 수: 105개 투구 수에 따른 의무 휴식: 1~30개: 없음 / 31~45개: 1일 / 46~60개: 2일 / 61~75: 3일 / 76개 이상: 4일			

이러한 규정이 생긴 이유는 에이스 선수들의 혹사 논란 때문이다.

프로야구와는 달리 고등학교 야구의 경우 주말리그, 토너먼트 전국대회 등으로 경기 수가 훨씬 적다. 하지만 그 기간이 짧기에 에이스 투수에 의존한 경기를 치르는 경우가 적지 않다. 실제 2017년 제45회 봉황대기 전국고교야구대회의 준우승팀인 충암고등학교의 에이스 투수 김재균 선수는 7번의 충암고등학교 경기 중 6경기에 출장, 충암고의 57이닝 중 45.2이닝을 혼자 책임졌다. 그는 이 대회에서 총 437개의 공을 던졌는데 프로 선수들이 5일에 한 번, 약 100개의 공을 던지는 것을 생각한다면 엄청난 혹사임을 알 수 있다.

하지만 현장의 감독, 선수들 사이에서는 조금 다른 목소리도 들린다. 투구 수 제한은 감독의 권리와 학생 선수의 권리를 동시에 침해한다는 목소리이다. 감독의 입장에서는 본인의 감독직을 유지하기 위해, 그리고 리그, 대회에서 좋은 성적을 거두어 본인과 학교의 명예를 드높이기 위해 최대한 에이스를 활용하고 싶어 한다. 감독들 입장에서는 투구 수 제한은 곧 감독의 전략에 정책적 제한을 가하는 것과 마찬가지이다. 부상 방지를 위해 주자들의 도루, 슬라이딩을 막거나, 선수들에게 공평한 기회를 부여하기 위해 번트를 금지하지 않는 것처럼 에이스 투수의 투구 또한 감독의 영역으로 남겨놔야 한다는 주장이다.

선수들 입장에서도 마찬가지다. 당장 눈앞에 있는 대학 진학, 프로 진출을 위해서는 리그 및 토너먼트 대회에서 여러 스카우터에게 좋은 모습을 보여야 한다. 이미 프로 진출이 확정적일 정도의 모습을 보여주었다 하더라도 선수들 입장에서는 아쉽다. 더 높은 계약금, 혹은 메이저리그 등 더 높은 프로리그 진출을 위해 어떻게든 조금이나마 본인의 성적을 올리고 싶은 것은 당연하다. 이들에게 투구 수 제한과 투수 수에 의한 의무 휴식일은 본인들의 기회를 제한시키는 정책이라는 주장이다.

감독과 선수들의 입장이 이해되지 않는 것은 아니다. 하지만 당장 눈앞에 있는 것보다는 멀리 보며 앞으로 다가올 일들을 준비하는 것도 필요하다. 현재 한국프로야구리그에 새로 입단한 투수 대부분이 어깨, 팔꿈치 수술을 받는다. 중고등학교 때 너무 많이 던졌기 때문이라고 한다. 감독에게는 본인의 제자가, 선수에게는 본인 자신이 프로리그에 진출하자마자 선수로서 활동하는 대신 선수 생명 자체를 건 수술을 하고, 재활을 하는 건 많은 아쉬움과 후회를 남길 수밖에 없다. 이러한 아쉬움과 후회를 남기지 않도록, 선수들의 혹사를 막는 제한은 반드시 필요하다.

감독의 선수 체벌,
훈육일까? 폭력일까?

〈사례 1〉

2017년 7월, 충청남도에 소재한 한 대학의 야구부 감독이 선수들을 상습적으로 폭행해왔다는 사실이 밝혀졌다. 해당 대학의 야구부가 2013년 창단된 이후로 감독직을 맡은 A씨는 이후 소속 선수들에게 지속적으로 폭력을 가했다는 의혹을 받아왔었고, 폭행 영상이 공개되며 그 의혹이 사실로 드러났다. 15초의 짧은 영상에서는 감독이 선수의 뺨을 세게 내리치고, 이를 피하는 선수의 뺨을 다시 친 후, 선수의 정강이를 차 무릎을 꿇게 만든 뒤에 머리를 발로 차기까지 했다.

해당 감독의 폭행은 과거 그에게 훈련을 받아온 여러 선수들의 폭행 경험 증언이 잇달아 공개되며 더욱더 논란이 되었고, 심지어 감독의 폭행으로 공황장애에 시달리다 야구를 그만두고 약물치료까지 받은 선수도 있었다는 것이 밝혀졌다. 감독은 폭력에 저항하는 선수들에게 "너, 야구 그만할래?"라고 되물으며 경기 출전이 곧 프로 진출 및 대학진학을 위한 교두보인 것을 이용해 협박하기도 했다. 해당 영상이 선수들의 학부모에게 공개된 후 폭행당한 선수와 학부모는 해당 사건으로 인해 야구부가 폐지될까 두려워 재발방지를 약속받고 감독을 선처했다. 하지만 감독의 폭언은 여전했고, 그러던 와중에 동영상 또한 외부로 유출되었다. 영상이 외부로 공개된 후 진행된 '대통령기 전국대학야구대회'에서 감독은 개인 사정을 핑계로 경기장에 보이지 않았다.

해당 기사에는 그 감독을 비난하는 댓글이 넘쳐났다. "폭력행위자들은 모조리 색출해서 폭행죄 적용시키고 일 못 하게 해야 된다." "체육계폭력은 기합 질서 잡기라는 명목으로 묵인된 지 오래다. 이참에 체육계폭력을 근절시키자. 시대를 역행하는 구시대적 습관은 반드시 고쳐야 한다. 선진국은 폭력 없이도 얼마든지 좋은 성적을 낸다. 다 자기합리화에 변명일 뿐이다." "사람 때리는 놈 치고 제대로 된 놈 못 봤다." 등 댓글은 폭행을 자행한 감독을 비판하고, 훈육과 교육을 핑계로 한 폭력은 지양해야 한다는 것을 강조하고 있었다.

〈사례 2〉

2017년 7월 12일, 대한민국 축구 국가대표 감독이었던 슈틸리케 감독이 경질된 후 새로 태극전사들을 이끌게 된 신태용 감독은 2002년 한일 월드컵 국가대표 출신인 김남일을 대표팀 코치로 선발했다. 김남일 코치는 신태용 감독과 함께 서울 월드컵경기장에서 열린 FC 서울과 포항 스틸러스 경기를 관람했고, 해당 경기 하프타임 때 취재진과 인터뷰를 진행하며 대표팀 합류에 대한 출사표를 던졌다. 무엇보다 선수들의 간절함이 부족하다고 느꼈다는 김남일 코치는 "마음 같았으면 바로 '빠따(야구배트)'라도 치고 싶은데"라는 발언을 했다. 선수들의 해이해진 정신상태를 바로 잡고 싶다는 의미의 농담이었다.

김남일의 발언에 네티즌 반응을 보니 "착한 빠따 인정합니다." "예부터 우리나라 사람은 패야 말 듣는다고 했음. 자유롭게 풀어주면 알아서 잘 하는 선진문화를 받아들일 수준이 안된다. 나사 풀어주면 풀어주는 대로 늘어지고 기강이 안 잡힌다. 진짜 후진적이고 없어져야 할 분위기와 문화지만 어쩔 수가 없다. 수준이 그거밖에 안 돼서. 그나마 그렇게 강압적인 분위기 속에서만이 성적을 낼 수 있다. 안타깝지만 어쩔 수 없어. 인정해야 함." "말 안 들으면 뚜까(뚜드려) 패야지 ㅋㅋ 굿" "주장부터 맞고 시작하자" 등 훈육을 위한 폭력이 필요하다는 댓글이 다수를 차지하고 있었다. 농담조인 글들도 많았지만 진지하게 신체적 고통을 가하는 방법으로 선수들의 정신상태를 개선할 수 있다는 글들도 상당히 많았다.

〈사례 1〉과 〈사례 2〉에서 볼 수 있듯, 아직 대한민국 사회에서는 체벌이 훈육의 한 방식으로 받아들여진다. '체벌(體罰)'이란 일정한 교육 목적으로 학교나 가정에서 학생, 자녀들에게 가하는 육체적 고통을 수반한 징계로써, 일반적으로 엎드려 뻗치게 시키는 등 신체적 고통을 주는 자세를 취하게 하거나 회초리 등으로 때리는 행위를 일컫는다. 훈육을 위한 체벌은 어떠한 경우에도, 어떠한 정도로도 하면 안 된다는 의견도 있는 한편 체벌이 〈사례 1〉처럼 과도한 것이 아니라면 일정 수준의 체벌은 필요하다고 주장하는 사람들도 많다.

체벌은 벌의 일종이다. 처벌에 대한 정당성과 관련된 관점으로는 크게 세 가지 논리로 귀결되는데, 응보설, 예방설과 억제설 그리고 개전설이다.

응보설(retribution)의 경우 함무라비 법전의 '눈에는 눈, 이에는 이'

로 표현될 수 있다. 응보론자들은 처벌은 곧 도덕적 표현으로, 잘못에 대해서는 처벌이 뒤따라야 하며 잘못한 자를 처벌하지 않는 것은 비도덕적이라고 주장한다. 여기서 처벌은 일차적으로 죄의 대가로서의 응보를 위한 조치라는 주장이다.

예방설(deterrence)과 억제설(prevention)은 장래를 고려한 이론으로서 처벌의 근본적인 존재 이유는 또 다른 잘못의 예방과 제지에 있다는 관점이다. 이 경우 처벌에 대해 부정적인 시각을 가지고 있다고 하더라도, 추후 공리주의적 관점에서 접근하였을 때 공익을 위해 더 큰 잘못을 막기 위한 체벌은 필요하다는 입장이다.

개전설(reform)은 체벌의 이유가 잘못된 행위를 한 자로 하여금 처벌을 통해 잘못을 깨닫고 본인이 스스로 개선할 수 있도록 계도하는 데 있다고 본다. 이 관점은 단순히 처벌을 잘못된 행위에 대한 보복적 수단이 아닌, 그 본인과 주변 구성원들을 변화시키고 재사회화를 통해 범칙행동이 없어지도록 하는 것을 목적으로 삼는다.

고강도 체벌의 경우 응보적 관점에서도, 예방적 관점에서도, 그리고 억제적 관점에서도 그 효과가 더 클 것으로 기대되어 지금까지 많이 활용되어 왔다. 고대 그리스의 플라톤 또한 체벌의 필요성을 말하기도 했으니 그 역사는 가늠하기 힘들 정도이다. 우리나라도 마찬가지였다. 우리나라에서 선생님이 된다는 의미인 '교편을 잡다'에서 교편의 편(鞭)은 채찍을 의미하고, 조선 시대 화가였던 단원 김홍도의 '서당도'에 회초리를 맞기 전 학생과 훈장의 모습이 그려진 것을 본다면 과거부터 체벌이 훈육의 한 방법이었던 것을 알 수 있다.

하지만 최근 체벌을 통한 훈육은 바람직하지 않다는 의견도 많이 제기되고 있다. 현대 심리학에서는 체벌은 훈육 효과가 없다는 것을 정설로 받아들이고 있고, 실질적인 효과에 대해서도 의문을 표하는 경우가 많다. 체벌은 체벌 대상을 억압해 행동을 교사, 부모, 감독 혹은 교육자들이 원하는 대로 조작하는 것일 뿐이라는 주장이다. 즉, 실질적으로 학생, 아이, 선수들이 본인 스스로 내면의 도덕성 함양을 위해 진심어린 마음으로 행하는 것이 아니라, 그 상황만을 모면하기 위해 행하는 것이기 때문에 체벌이 끝난 후면 원래대로 돌아가고 만다는 것이다.

더 나아가 단순히 걸리지만 않으면 된다는 마음가짐으로 인해 거짓말을 비롯한 도피, 회피, 기만 등의 행동이 나타나며, 학생과 선생, 부모와 아이, 감독과 선수들 간 불화가 생길 가능성도 농후하다. 어린 학생들, 선수들의 경우 체벌로 인해 정신 건강을 해칠 우려도 있으며 행동을 강요받는 경우가 많아지면 그만큼 스스로 생각하고 행동할 수 있는 능력이 떨어질 수도 있다. 더 나아가 체벌을 통해 교육을 받은 학생들은 성인이 된 다음 자신의 아이, 학생들을 체벌할 가능성이 커진다.

이러한 체벌의 부작용을 방지하기 위해 2010년 경기도, 광주광역시, 서울시 등에서 학생인권조례를 시행하기 시작했다. 2011년 초중등교육법 시행령 제31조(학생의 징계)에는 '학생을 징계할 때 도구, 신체 등을 이용하여 학생의 신체에 고통을 가하는 방법을 사용해서는 아니 된다'라는 부분이 명시되기도 했다. 국가인권위원회 차원에서도 교내 체벌 실태에 대해 더욱더 관심을 기울이기 시작했으며, 학교뿐만이 아니라 운동부 선수까지도 체벌과 폭언에서 벗어날 수 있도록 권고하고 있다. 실제로 2017년 8월에 국가인권위원회는 중학교 운동부 코치의 체벌 및 폭언 주의 권고에서 '교육자는 체벌이 아닌 효과적인 지도방법을 개발해야 할 책임과 의무가 있다'라고 강조했다.

해당 법령이 시행된 지 수년이 흘렀지만 아직 교육계에서는 체벌의 필요성에 대해서 끊임없이 논란이 일어나고 있다. 체벌이 금지됨으로써 교권이 바닥으로 추락하고, 아이들을 효과적으로 컨트롤할 수 있는 방식이 사라졌다는 논지이다. 하지만 이젠 아이들도 존중받으며 교육을 받아야 한다. 단순한 체벌에 대한 두려움이 아닌, 공부와 교육 그 자체에 대한 필요성과 가치를 아이가 깨달을 수 있도록 교육자들이 인도해주어야 한다.

체육계도 마찬가지이다. 지금까지 체력이 부족한 선수를 체벌로 운동장을 계속 달리게 하고, 결정적인 찬스에서 더 좋은 위치에 있는 동료에게 공을 주지 않는 선수의 이기심을 없애기 위해 폭력을 행사했다. 이제는 체력이 없는 선수에게는 체력의 중요성을 일깨워주어 스스로 체력운동을 더 할 수 있도록 하고, 이기적인 선수에게는 팀플레이의 중요성을 일깨워주어 스스로 이타적인 플레이를 할 수 있도록 해야 한다.

우리나라에서는 무려 90년대생들까지도 체벌을 통한 훈육을 보편적으로 받아왔기 때문에 체벌에 대한 거부감이 적었다. 폭력이 '사랑의 매'라는 단어로 포장되어 오기도 했다. 2010년대 들어서서야 실질적으로 시작된 학생들의 인권회복. 이는 단순히 공부하는 학생들뿐만이 아니라 운동부 학생들, 대학 선수들, 더 나아가 프로선수들에게도 확장, 적용되어야 하며, 그만큼 우리 스스로의 인식 개선 또한 필수적이다.

선수들의 권리를 대행하는 '에이전트'

2015년 말, 수년간 대한민국 최고의 거포로 이름을 날린 당시 넥센 히어로즈 소속의 박병호 선수가 포스팅 시스템(국내 프로야구선수가 미국에 진출할 때 최고 이적료를 써낸 메이저리그 구단에 우선협상권을 주는 공개입찰제도)으로 미국 메이저리그 미네소타 트윈스와 계약했다. 포스팅비용(한국 구단에 지급되는 이적료) 1,250만 달러에 선수에게 돌아가는 개인 보장 연봉 계약은 4년 1,200만 달러. 포스팅 비용은 결코 적지 않았다는 평을 받았으나 개인 계약은 예상치였던 연 500만~1,000만 달러에 훨씬 못 미치는, '헐값 계약'이라는 표현이 나올 정도의 수준이었다. 특히 그 전까지 포스팅 제도를 통해 한국프로야구에서 미국 메이저리그로 진출한 선수들의 개인 계약[포스팅 비용의 약 150% 수준. 류현진(2013년) 약 2,570만 달러의 포스팅 금액에 6년 3,600만 달러의 개인 계약. 강정호(2015년) 500만 달러의 포스팅 금액에 4년 1,100만 달러의 보장]에 비해 턱없이 모자란 수준이었기 때문에 아쉬움이 더 남았다.

이에 대해 많은 국내외 언론들이 당시 박병호 선수의 에이전트인 앨런 네로의 협상 능력에 의구심을 가지고 비판의 목소리를 높였다. 앨런 네로와 에이전트 계약을 맺고 있다가 스캇 보라스(과거 박찬호, 김병현 선수의 에이전트였으며 현재 류현진 선수의 에이전트)와 새로 에이전트 계약을 맺은 추신수 선수의 선택이 새삼 주목받기까지 했다. 단순히 선수가 받는 산술적 금액의 의미를 떠나 고액선수에게 더 많은 기회를 주고, 더 많이 기용하는 메이저리그 특성을 생각한다면 박병호 선수에게도 아쉬울 수밖에 없었다.

실제로 부진과 부상으로 마이너리그에 내려갔던 박병호 선수는 2017년 시즌, 메이저리그에서 단 한 경기도 뛰지 못했으며 2018년 넥센 히어로즈로 돌아오게 되었다. 부진을 비롯한 여러 문제가 복합적으로 적용되긴 했으나 몸값이 비쌌다면 조금의 기회라도 더 얻을 가능성이 있었다는 사실이 염가계약에 대한 아쉬움을 남길 수밖에 없었다.

에이전트(Agent), 특히 스포츠 분야에서 에이전트의 의미는 좁게는 스포츠 선수를 대신해서 연봉 협상이나 광고 계약, 다른 구단으로의 이적 등에 관한 업무를 처리해주는 법정 대리인을 가리킨다. 넓은 의미로는 스포츠 관련 사업체나 부서의 운영을 위한 정책과 절차를 기획·조직·관리하며 시합이나 경기에 관한 정보를 수집하거나, 훈련과정을 설계하거나, 스타 선수를 활용한 스포츠 마케팅을 기획하는 등의 업무를 하는 사람 또는 그러한 직업을 가리킨다. 일반적으로 우리가 생각하는 에이전트는 협의의 의미의 에이전트다. 하지만 그 외에도 선수들의 권익 향상을 위해, 그들의 권리를 대신 해주는 사람들이 스포츠 에이전트라고 설명할 수 있다.

국내에서 에이전트 활동이 가장 활발한 종목은 단연 축구이다. 축구의 경우 국제축구연맹(이하 FIFA)이 1991년 에이전트 제도를 만들며 에이전트를 통해야만 구단이 선수들과 계약을 할 수 있도록 했다. 국내의 경우 2001년에 FIFA 에이전트 시험이 처음 시행되었는데, 초기에는 시험 문제가 전부 국문으로 출제되어 과다한 수의 합격생들이 발생하기도 했다. 합격생 수 조절을 위해 대한축구협회는 시험 20문항의 문제 중 15문항을 영어로, 5문항을 국내규정 관련 문제로 국문 출제하였으나, 시험 응시 자격 자체는 '20세 이상, 전과가 없고 시험 응시 희망 국가에서 2년 이상 거주'로 특별한 진입자격이 없어 많은 사람들이 계속 FIFA 에이전트라는 꿈을 품을 수 있었다.

하지만 2011년, 대한축구협회에서는 에이전트로 합격 후 활동하지 않는 자들이 많은 것, 에이전트 시험이 과열되고 있고 이로 인해 고액 사교육 등이 늘고 있는 것 등을 이유로 에이전트 시험 응시 자격요건으로 '현직 대한축구협회장, 대한축구협회 이사, K리그 구단 사장 혹은 단장의 추천서'를 제출하도록 하는 항목을 신설하였다. 이 때문에 대부분의 지원자들은 시험 응시조차 불가능하게 되었고, 이는 헌법상 '직업 선택의 자유' 침해 아니냐는 논란까지 불러일으켰다. 2012

년 이후로 응시 자격요건에 '추천서'가 사라지며 해당 논란은 일단락되었고 2015년, FIFA 에이전트 자격제도가 폐지되며 대신 '선수 중개인'(Intermediaries) 제도가 도입되었다. 현재는 협회에 필요서류와 등록비, 그리고 중개인 보험 가입만 증명하면 선수 중개인으로 활동이 가능하다. 2016년 9월 기준 국내 선수 에이전트는 75명이 등록되어 있으며, 실제 활동하는 이들은 그 절반 정도로 여겨진다.

프로야구(KBO)의 경우 2017년 에이전트 제도 도입을 공식 발표했다. 한국프로야구선수협회 자체 시험을 통해 에이전트를 선발했는데 2018년 첫 시험에서 210명의 지원자 중 91명이 통과해 에이전트 자격을 획득했다.

그 외의 종목의 경우 에이전트라는 제도 자체가 정착하지 않아 비공식적인 대리인들이 에이전트 역할을 하는 경우가 대부분이다. 프로농구(KBL), 프로배구(KOVO), 여자프로농구(WKBL)는 내부규정에서 에이전트 조항을 두고 있으나 주로 외국인 영입을 위한 제도일 뿐 국내 선수에 대한 규정은 미비하다. 게다가 그 제한을 변호사나 법정 대리인으로 제한하는 경우가 많고, 농구와 배구에서는 국제농구연맹(FIBA), 국제배구연맹(FIVB) 에이전트 등의 자격증 또한 요구하고 있어 국내 에이전트 활동이 활발히 이뤄지기 힘든 실정이다.

스포츠 에이전트 산업의 규모는 결코 작지 않다. 2015년 '포브스'에서는 세계에서 영향력이 가장 큰 에이전시 47개를 선정했는데, 이들의 총 계약금액은 무려 276억 달러에 육박하고, 그들이 커미션으로 벌어들인 금액은 무려 18억 5,000만 달러에 달하는 것으로 알려졌다. 2015년 세계에서 규모가 제일 큰 에이전시인 CAA(Creative Artists Agency)는 선수 계약의 규모가 64억 달러에 달했으며 커미션으로 2억 6,000만 달러의 수익을 올렸다. 미국 메이저리그의 유명 에이전트인 스콧 보라스의 보라스 코퍼레이션은 17억 달러를, 축구선수 크리스티아누 호날두의 에이전트로 유명한 축구 에이전시 제스티푸트는 10억 달러 이상의 계약을 끌어낸 것으로 집계됐다.

전 세계에서 스포츠에이전트 제도가 가장 활성화되어있는 나라로는 미국을 꼽을 수 있다. 미국의 경우 스포츠 에이전트 제도 활성화뿐만이 아니라 그 시장의 규모가 큰 것으로도 유명하다.

미국에서 스포츠 에이전트 시장이 성장할 수 있었던 이유는 첫째, 질적, 양적으로 풍부한 아마추어 고교, 대학 선수들이 많아 선수의 안정적인 공급이 가능한 점, 둘째, 미식축구(NFL), 야구(MLB), 농구(NBA), 하키(NHL)뿐만이 아니라 축구(MLS), 골프(PGA, LPGA) 등 다양한 스포츠가 한쪽에 치우치지 않고 동반 성장이 이어져 스포츠에이전트의 수요를 증가시킨 점, 셋째, 천문학적인 중계권료, 후원사 수입, 머천다이즈 상품 개발을 비롯한 각종 스포츠마케팅의 성공과 시장의 규모로 인해 선수들의 연봉이 지속적으로 인상되어 에이전트의 수요를 늘린 점, 넷째, 메이저리그 선수협회의 창설로 선수들의 계약 협상에 에이전트를 이용할 수 있는 권리가 보장되었고, 뒤이어 타 리그에서도 선수협회가 설립, 활성화되며 선수들이 노동교섭권을 갖게 되었다는 점 등을 들 수 있다. 미국은 이렇게 스포츠산업이 활성화된 만큼 스포츠산업의 한 계열로 볼 수 있는 스포츠 에이전트 또한 자연스럽게 그 규모가 커질 수 있었다는 분석이다.

국내 스포츠 에이전트 시장이 지금까지 활성화되지 못한 이유 또한 여기에 있다. 야구와 축구에 편중되어 있는 프로 스포츠리그, 모기업에 의존한 스포츠 구단과 시장, 대부분 종목에서 선수협회 부재로 선수들의 자발적인 권익 신장 활동의 미비 등 미국의 사례와는 거리가 있는 스포츠산업 구조를 보여주기 때문이다.

국내 스포츠 에이전트의 도입으로 가장 큰 도움이 되는 부분은 선수들의 연봉 협상 과정일 것이다. 지금까지 많은 선수들은 연봉 협상 과정에서 구단에 비해 상대적으로 불평등한 지위에 있어 피해를 볼 수밖에 없었다. KBO의 경우, 프로야구가 창설된 이후 지금까지 KBO 연봉 조정위원회에서 구단과 선수의 연봉 다툼 중 선수의 손을 들어준 경우는 2002년 LG 유지현 선수가 유일하다. 이는 선수, 혹은 선수의 법률 대리인이 준비하는 연봉 산출 자료가 구단에 비해 상대적으로 부족하기 때문인데 이를 극복하기 위해서는 단순한 법률 대리인이 아닌, 야구라는 해당 스포츠에 전문성이 있고 데이터를 해석, 구단에 대항할 수 있는 자료를 준비할 수 있는 에이전트가 필요하다는 논지이다. 타 종목 또한 마찬가지이다.

물론 스포츠 에이전트의 역할이 선수의 연봉, 즉 '돈'을 더 벌 수 있도록 하는데 그치는 것으로 생각한다면 큰 오산이다. 연봉은 선수들에게 단순히 월급의 개념을 넘어 자존심, 그리고 본인의 가치를 상징해 주는 존재라는 것은 사실이다. 하지만 스포츠 에이전트의 진정한 역할은 선수들의 '권익 향상'에 있으며 돈은 그 권익 향상의 한 방법에 불과하다는 점을 인지해야 한다.

경기에 뛰지 못하는 선수가 뛸 수 있도록 임대 등의 방식을 구단과 협상하는 것 또한 에이전트가 해 주는 일이다. 외국 리그로 진출하며 통역, 동행하는 가족들의 편의, 아이들의 교육 조건 등을 구단과 협상하는 것 또한 에이전트의 노력으로 더 얻어낼 수 있는 부분이다.

국내 사례를 보자면, 무릎 연골 파열 부상으로 수술을 했음에도 불구, 3급 현역 판정을 받은 축구선수가 에이전트를 통해 병무청을 상대로 법적 재판을 진행, 병역 면제 판결을 받아낸 적도 있다. 또 다른 축구선수는 병역 면제를 위해 아시안게임 참여가 필수적인데도 불구, 팀에서 보내주려 하지 않자 에이전트가 직접 구단주와 단장, 그리고 감독과 면담을 진행해 대회 참여를 허락받은 케이스도 있다. 더 나아가 대부분의 프로 선수들이 은퇴 후 제2, 제3의 인생을 제대로 준비하지 못하는데 이 또한 에이전트 제도를 통해 해결할 수 있는 것으로 기대되어 은퇴 후까지 선수들을 보호할 수 있을 것으로 기대된다.

이렇듯 에이전트를 통해 더 많은 선수들의 권리와 이익이 보호받을 수 있다. 현재 문화체육관광부가 추진 중인 '스포츠산업 중장기 발전 계획(2014~2018)'에 따르면 스포츠산업의 규모를 확대시키는데 그 핵심을 에이전트 제도로 두고 있다. 단순히 법률 대리인에 그치는 에이전트가 아닌, 선수의 복지와 관리를 통한 연금, 보험 등의 금융까지 연계시킨다는 구상이다.

앞서 언급했듯 미국과는 다른 국내 스포츠산업의 특수한 구조에서는 스포츠 에이전트 제도가 제대로 자리 잡기 힘들 수밖에 없다. 단순히 스포츠 에이전트라는 제도만을 도입하는 것이 아닌, 비정상적인 스포츠산업 구조 또한 같이 개선해가야 하는 것이 필수적인데 다행히 정부의 추진 정책은 그와 방향이 부합하는 것으로 보인다. 구단에 비해 약자의 위치에 서 있는 선수들의 권리를 대신해주고, 선수들의 경기 내외적 모든 환경을 개선시켜 궁극적으로 선수의 가치를 끌어올리는 역할을 하는 스포츠 에이전트. 앞으로도 헤쳐나가야 할 난관들이 많지만 우리나라에도 이 제도가 뿌리를 내리는 날이 속히 오기를 기대한다.

U-20 월드컵의 아쉬움,
근로기준법과 K리그 데뷔 규정

2017년 6월 11일 수원 월드컵경기장. 경기 종료를 알리는 심판의 호루라기가 울리자 잉글랜드 선수들은 환호했다. 2017 FIFA U-20(20세 이하) 월드컵은 이렇게 잉글랜드가 베네수엘라를 꺾고 우승을 차지하며 그 막을 내렸다.

개최국 대한민국 또한 안방에서 열린 대회에 참가했다. 기니와의 1차전에서 3 대 0 승리, 2차전에서 대회 우승 후보인 아르헨티나를 2 대 1로 꺾고 16강에 진출했으나, 16강전 상대인 포르투갈전에서 1대 3으로 지며 대회를 마무리했다. 대회 첫흐름을 너무 좋게 가져갔기 때문이었을까, 많은 팬들은 16강이라는 결과에 아쉬움을 표하기도 했다. 하지만 정작 국가대표팀의 상황은 애당초 세계 무대에서 강호들과 '대결'이라기보단 '도전'이라는 표현이 맞을 정도로 열악한 상황이었다. 특히 축구계에서는 선수들의 실전 경험 부족을 타 국가대표팀들과 대한민국 국가대표 간의 차이로 보고 있다.

본 대회 태극전사들을 이끌었던 신태용 감독은 "선수들은 뛰어야 한다. 수준 차이가 있더라도 프로에 가서 뛰는 것이 중요하다"며 실전 경험을 강조했고, 한준희 KBS 축구해설 위원은 "프로팀 소속 선수들은 물론 대학생 선수들이 뛸 기회가 적은 게 가장 큰 문제점"이라고 지적하며 "잉글랜드 선수들은 그동안 프로 무대를 경험한 선수들이 많았다. 1군 경기에 못나서더라도 2군 리그가 활성화돼 있어 경기력을 유지할 기회가 많았다. 반면 한국 선수들은 사실상 대표팀 훈련밖에 치르지 못했다. 이런 면에서 차이가 생길 수밖에 없다"고 설명했다.

실제 해외 국가대표들과 대한민국 국가대표팀과의 구성원들 사이에서는 경험의 차이가 드러날 수밖에 없었다. 조별예선 3차전 상대이자, 대회 우승팀인 잉글랜드는 프리미어리그(EPL)의 애버튼, 아스널, 첼시, 토트넘, 리버풀, 뉴캐슬 유나이티드 등 프로팀에 몸담은 선수들로 선수단을 꾸렸다. 16강전 상대였던 포르투갈도 2016~17 포르투갈리그 우승팀인 SL벤피카 소속 선수가 4명, FC 포르투 소속 선수도 4명, 그 외에도 스포르팅 리스본, 브라가 등 전원 포르투갈 프로팀 소속 선수들로 구성되었다.

하지만 대한민국의 경우 프로팀 소속 선수는 겨우 5명에 불과했다. FC 바르셀로나, FC서울, 포항 스틸러스, 전남 드래곤즈에 소속된 선수 중에서도 팀에서 1군 엔트리에 포함된 선수는 전남 드래곤즈의 한찬희 선수뿐이었다. 그 외 선수들은 대학팀에서 프로 데뷔를 목표로 하는 선수들로 채워졌었다.

그렇다면 대한민국 U-20 국가대표 구성원 중 비(非) 프로 선수들의 비율이 높은 이유는 무엇일까? 바로 미성년자들의 프로팀 데뷔를 막는 근로기준법, 프로연맹규정 등 여러 규제 때문이다.

과거에는 10대 중후반의 나이에 K리그에 데뷔, 활약을 했던 선수들이 제법 많았다. 2002년 5월에는 16세 25일의 나이로 한동원 선수가 데뷔, K리그 최소 출전 기록을 세우기도 했으며 울산현대에서 골키퍼로 활약했던 김승규 선수는 고등학교 3학년이던 2008년에 프로 데뷔전을 가졌다. 현재 EPL 크리스탈펠리스 소속인 이청용 선수 또한 만 16세 나이로 FC서울에 입단, 활약하기도 했다. 그 밖에 기성용, 고명진, 고요한 등 많은 선수들이 중고등학교 시절 학교를 그만두고 프로에 진출해 활약, 국가대표까지 선발되기도 했다.

하지만 2010년대가 들어서 고등학교 선수들이 K리그에 데뷔한 적이 없다. 가장 큰 이유는 의무교육의 변화다. 이청용 선수의 경우 도봉중학교 재학 시절 학교를 중퇴하고 프로팀에 입단했는데 당시 의무교육은 초등학교까지였기에 가능했던 일이다. 현재는 의무교육이 중학교까지로 연장되어 중학교를 중퇴하고 프로팀에 진출하는 길 자체가 막혀버렸다. 더 나아가 근로기준법 자체가 강화된 것 또한 어린 선수들의 빠른 프로 무대 데뷔를 가로막고 있다. 근로기준법 제 4조는 근로자의 최저 연령과 취직 인허증에 대해 규정하고 있다.

헌법 또한 제 32조에서 '연소 근로는 특별한 보호를 받는다'고 규정하
며 만 18세 미만 연소자는 이성적, 육체적으로 성장 단계에 있는 만큼
의무교육을 받아야 하고, 그렇기 때문에 산업현장에서 보호받아야 한
다는 점을 명시하고 있다.

많은 언론기사는 학생선수들이 K리그에 데뷔할 수 없는 이유로 근
로기준법에 따라 18세 미만 연소자는 원칙적으로 고용을 금지하기 때
문이라고 한다. 하지만 조문에 따르면 18세 미만 연소자가 아닌, 18세
미만 중학교에 재학 중인 자 혹은 15세 미만의 자를 원칙적으로 고용
을 금한다고 해석해야 한다. 그러므로 학생 선수들이 K리그에 데뷔할
수 없는 이유로 해당 내용을 드는 것은 옳지 못하다. 만 15세 이상의

고등학생들은 본 내용에 의거, 취직인허증을 발급받을 수 있기 때문이다.

중학생들의 프로 데뷔가 불가능한 이유는 단순히 18세 미만 연소자이기 때문이 아니다. 제64조 2항에 의해서이다. 제64조 제2항에 의거하면 '의무교육에 지장이 없는 경우'에 취직인허증을 발급 신청할 수 있는데 프로축구의 경우 원정경기 등에 의해 의무교육인 학교 수업을 제대로 따를 수 없어 사실상 불가능하다고 보아야 하기 때문이다. 결국 중학교 재학 중인 자들, 과거 한동원 선수나 이청용 선수 같은 경우는 현행 근로기준법상 더 이상 나올 수가 없다.

그렇다면 고등학교에 재학 중인 선수들은 어떨까? 상기 언급했듯 현행 법률상 큰 문제는 없어 보인다. 고등학교는 의무교육이 아닌 만큼 자퇴도 가능하며, 아르바이트를 하는 고등학생들도 심심치 않게 주변에서 볼 수 있기 때문이다. 그렇다면 왜 최근 고등학생들의 프로 데뷔가 없을까? 이는 바로 프로연맹 규정 때문이다. 한국축구프로연맹에서는 신인선수들에 대해 다음과 같이 규정하고 있다.

제11조 신인선수 선발 대상

고졸 예정자 또는 중고교 재학 중이 아닌 만 18세 이상 자로서, 처음 프로 입단을 희망하는 모든 선수로 한다. 신인 선수라 함은 국내, 국외를 막론하고, 프로 선수로서의 경험이 없는 당해년도 첫 프로 입단 선수를 말한다.

결국 만 18세 미만 선수들은 고졸 예정자에 해당하거나, 국외 구단과 프로 계약을 체결한 경력이 있지 않은 경우, 신인선수의 자격이 주어지지 않아 결국 K리그 구단에 입단할 수 없다는 해석이다. 국내 현행법상으로도, 한국축구연맹, 아시아축구연맹, 세계축구연맹 그 어디에서도 규제하지 않는 만 18세 미만 선수들의 프로 계약 체결을 연맹 차원에서 규제하고 있는 현실이다.

이러한 문제는 결국 국내 선수들의 실력 저하와 선수들의 해외 유출을 야기한다. 고등학생 선수들은 학교 소속으로 주말리그, 전국대회 등으로 경기를 치른다고는 하지만 프로팀에 소속되어 훈련을 하고, 시합을 하는 것과는 유의미한 차이가 있을 수밖에 없다. 그렇기 때문에 여러 선수들은 고등학교에서 축구를 하는 것 대신 일본 J리그 등 국외 다른 리그로 진출하기도 한다. 해외에서 프로 선수로 뛸 수 있다는 것은 선수 그 자신의 경험이나 커리어에 충분히 매력적이기 때문이다. 또한 최근 축구 조기 유학생들이 늘어나는 이유로 손흥민 선수를 비롯해 중고등학생 시절 축구 유학을 통해 해당 국가 프로리그에 데뷔하는 선수들의 영향도 있겠지만, 동시에 'K리그의 미성년자 데뷔 규제' 또한 영향을 끼친다는 것은 부정할 수 없다.

이는 결코 좋은 현상으로 볼 수 없다. 법적으로 만 18세 미만을 보호하는 이유는 그들이 성장 단계에 있는 만큼 적절한 교육이 주어져야 하고, 그에 맞는 환경이 주어져야 하기 때문이다. 하지만 해당 기간에

말도 잘 통하지 않는 해외에 진출한다는 것은 미성년자 선수들에게 큰 부담을 안겨준다. 더 나아가 어린 선수들을 계약하는 해외 프로팀들의 경우, 그 선수들을 하나의 유망주로 계약하는 것인 만큼 선수들이 구단이 바라던 만큼의 실력이나 성장 속도를 보여주지 못하면 따로 관리를 해주지 않는 경우도 상당히 많다. 이는 곧 그 사람의 선수생명과 직결된다. 축구 유학의 경우에도 실질적으로 해당 리그에 바로 데뷔하는 케이스는 극히 드물다는 것 또한 인지해야 한다. 이러한 선수들이 국내 프로팀에서, 언어나 문화 등 축구 외적인 것에 신경을 쓰지 않고 축구에만 전념할 수 있다면 그들의 가능성이 실현될 확률은 더 높아질 것이다.

한 축구지도자는 "고등학교 1학년 선수는 프로 선수들과 뛰기엔 체격에서 힘든 점이 많다. 그런데 2~3학년 선수는 이야기가 달라진다. 충분히 경쟁이 가능하다고 본다. 시즌 전체 소화는 불가능하더라도 1년에 3~4경기 정도에 투입하는 건 팀 전체에도 도움이 될 것이다. 선수 성장에 큰 도움이 될 것"이라며 고등학생들의 경쟁력을 인정했다. 분명 그 수 자체는 많지 않지만 고등학교 선수들이라도 프로에서 통할 실력을 갖춘 선수들이 존재한다는 것을 의미한다. 실제 2000년대 우리는 그러한 예시들을 직접 봐오기도 했다.

이러한 규정을 바꾸기는 쉽지 않다. 연맹과 협회, 노동부, 대한체육회 거기에 다른 종목의 협회와 연맹까지 개입될 수도 있다. 하지만 고등학생들의 프로 진출을 할 수 있는 권리를 존중해주는 것을 통해 국내리그, 더 나아가 국가대표의 실력까지 향상시킬 수 있다면 그 자체로 규정의 수정을 고려해 볼 가치는 충분히 있다고 생각한다.

* 2018년 1월, 한국프로축구연맹은 제1차 이사회를 통해 프로 데뷔 가능 나이를 만 18세에서 만 17세로 조정하며 고등학교 2, 3학년들 또한 프로 데뷔가 가능하도록 규정을 손질했다. 하지만 여전히 그 기준은 높다고 생각한다. 특히 '만' 나이로 규정하는 만큼 생일에 따라 고등학교 2학년 때 데뷔 여부가 갈린다는 문제점도 있다. 한국프로축구연맹의 제도 변화 는 환영하나, 아직도 갈 길이 많이 남은 듯 보인다.

야구게임과
선수들의 퍼블리시티권

2008년 베이징 올림픽 금메달, 2009년 WBC 준우승의 성적을 올린 국가대표 야구팀 덕분에 한창 야구가 높은 인기를 구가할 때였다. 많은 학생들이 야간자율학습 시간 때 책상 아래로 핸드폰, PMP를 놓고 야구 경기를 시청하는 모습은 흔하게 볼 수 있는 광경이었다.

컴퓨터 게임 분야에서도 마찬가지로 야구의 인기는 굉장했다. '마구마구'와 '슬러거'로 대표되는 야구게임은 당시 현존하는 선수들뿐만이 아니라 은퇴한 선수들 이름으로도 플레이를 진행할 수 있다는 점에서 무척 매력적이었다. 80년대 선수인 해태 타이거즈의 선동열 선수가 던진 공을 2000년대 선수인 롯데 자이언츠의 이대호 선수가 치는 장면은 게임에서나 가능한 이야기였기 때문이다.

하지만 어느 날, 선수들의 이름이 이상하게 바뀌어 있었다. 처음에는 이니셜로(마해영-H.Y. 마), 나중에는 아예 비슷하지만 다른 이름(마해영-마영한)으로 바뀌는 것을 보며 많은 유저들은 혼란스러울 수밖에 없었다. 이는 단순한 해프닝이 아니었다. 이 일은 선수들의 초상권을 넘어 이름, 목소리, 모습 등 퍼블리시티권(The Right of Publicity)이라는 권리를 되찾으려는 과정에서 일어났고, 이를 통해 당시까지 지키지 못했던 선수들의 인권을 재조명할 수 있었던 기회이자 전환점이 되는 일이었다.

현재 대한민국 대법원에서는 퍼블리시티권을 '성명이나 초상 등 자기 동일성의 상업적 사용에 대하여 배타적으로 지배할 수 있는 권리'로 파악하고 있다. 퍼블리시티권은 연예계, 정치계, 스포츠계를 막론하고 사람들에게 잘 알려진 인물들이라면 충분히 그 권리를 행사할 수 있다. 다만 국내에서는 퍼블리시티권에 대한 논란이 대두된 지 얼마 되지 않아 혼선을 빚고 있다.

퍼블리시티권과 관련된 소송은 지속적으로 일어나고 있으나 해당 권리를 인정하는 하급심과 실정법의 부재를 근거로 해당 권리를 인정하지 않는 하급심이 공존하기 때문이다. 2013년 퍼블리시티권 침해와 관련된 소송 32건 중 17건은 승소, 15건은 패소한 것이 그 예이다.

다시 야구로 돌아와 보자. 야구선수들의 퍼블리시티권과 관련된 법적 분쟁은 2006년까지 거슬러 올라간다. 한 이동통신사가 프로야구선수 본인들의 허락 없이 '한국 프로야구 2005'라는 게임을 제작, 판매한 것이 법정 다툼으로 이어졌다. 법원은 이동통신회사가 프로야구선수들의 성명권 및 퍼블리시티권을 침해한 것으로 불법행위에 해당한다고 판결했다. 2009년에는 전(前) LG 투수였던 이상훈 선수가 '마구마구', '슬러거'에서 본인의 초상권을 무단으로 침해했다고 주장하여 다시 한 번 야구선수들의 퍼블리시티권에 대한 관심과 논의를 불러일으켰다.

2006년에 있었던 판례 이후 한국프로야구선수협회(이하 선수협)는 2006년~2010년 기간 한국프로야구연맹(이하 KBO)의 마케팅 자회사인 KBOP가 두 야구게임으로부터 받는 라이선스료의 30%를 배당받기로 되어있었다. 하지만 이는 선수협에 가입되어있는 '현역' 선수들에 국한된 계약이었고, 은퇴선수들의 퍼블리시티권은 따로 계약해야 했다는 문제점이 존재했다.

자체적으로 해결이 되지 않자 결국 2009년 8월, 은퇴한 유명 야구선수 수 명이 야구게임 업체들을 상대로 자신들의 성명과 기록 등을 사용하지 못하도록 하는 가처분 신청을 냈다. 같은 해 11월, 서울중앙지방법원 제50민사부는 '슬러거'에 대해 가처분신청을 제기한 은퇴선수들의 성명과 기록 등 인적 사항을 사용하지 못하도록 결정했고, 서울남부지방법원 또한 '마구마구'에 대해 해당 은퇴선수들의 성명을 게임에서 사용하지 못하도록 하는 결정을 내렸다.

해당 판결이 난 후 '마구마구'의 경우 처음에 언급한 대로 은퇴선수들의 실명 대신 이니셜을 사용하는 방식을 사용하였다. 이에 대해 은퇴 선수들은 다시 법정 다툼을 시작했고, 2010년, 서울서부지방법원은 "어떤 사람의 성명 전부 또는 일부를 그대로 사용하는 것은 물론 성명 전부 또는 일부를 그대로 사용하지 않더라도 그 사람을 나타낸다고 볼 수 있을 정도로 이를 변형하여 사용하는 경우에도 퍼블리시티권을 침해한 것"이라고 판시하며, '마구마구'가 이니셜을 사용하는 것 자체도 금지시켰다. 이는 은퇴선수들의 퍼블리시티권의 무단 침해 외에 해당 선수들의 성명 등을 변형하여 사용하는 경우에도 퍼블리시티권을 인정한다는 것, 그리고 선수들의 퍼블리시티권은 해당 선수 개인의 배타적인 소유권임을 인정한다는 점에서 큰 의미가 있는 판결이었다.

　다만 판결 후 게임업체들에게 금전적 배상을 받은 선수들은 소송을 직접 제기한 선수들에 국한됐다. 이러한 권리 행사가 가능하다는 것을 몰라 소송에 참여하지 않은 수많은 선수들은 금전적 배상과 관련되어 배제되어 있고, 퍼블리시티권이라는 권리 자체를 모르는 경우 또한 많은 것으로 밝혀졌다. "보상금으로 형편이 어려운 선배나 동료들을 돕는 등의 방안을 마련했다면 이해라도 하겠다. 하지만 다른 사람들에게는 제대로 알리지 않은 채 아는 사람들끼리만 보상금을 나눠 가진 것을 알고 실망감이 컸다"며 아쉬움을 표한 은퇴선수도 있었다.

　이후 선수협은 게임업계와의 퍼블리시티권 협의를 원활히 하기 위해 2012년 은퇴선수들의 모임인 일구회와 상호협력확대 및 업무 제휴를 합의했으나 1년 후 두 단체의 이해관계와 요구조건이 다르다는 이유로 통합계약협정서를 해지하고 만다. 이후 일구회는 자체적으로 프로야구 은퇴선수들의 권리 찾기 캠페인을 하며 은퇴선수들의 퍼블리시티권 행사를 위한 자체적인 노력을 하고 있다.

오늘날에는 퍼블리시티권이 현역, 은퇴 선수들의 당연한 권리로 받아들여지고 있는 추세이다. 하지만 이 퍼블리시티권의 행사는 곧 '표현의 자유'라는 가치와 충돌하게 된다. 침해자가 권리자의 동의 없이, 권리자의 정체성을 침해자의 상업적 이익을 위해 침해했다면 퍼블리시티권의 침해가 될 수 있다. 하지만 게임도 표현의 한 형태로 인정된다는 것을 고려했을 때 '표현의 자유'가 퍼블리시티권에 우선하는지에 대한 여부가 문제시될 수 있다는 논란이다. 이는 곧 산업적 측면과도 연결이 된다. '표현의 자유'를 인정한다면 게임사들은 라이선스료를 절약하고 그만큼 게임 자체의 질을 높여 소비자들에게 서비스를 제공할 수 있다. 그 반대의 경우, 라이선스 비용으로 인한 게임제작비용 상승과 더불어 창작의 제한으로 인한 콘텐츠의 저하가 있을 수 있다.

그러나 국내 야구게임들의 경우 게임 형식 자체가 선수들의 단순한 데이터로서의 기록을 통해 시뮬레이션을 돌리는 형식이 아닌, 기록을 능력치화하고 그 능력치에 따라 선수들이 직접 플레이하는 방식이기 때문에 더 이상 선수들의 기록을 공중의 영역이라고만 할 수 없고, 판례 자체 또한 선수들의 퍼블리시티권을 보호해줘야 한다고 되어는 점을 볼 때 퍼블리시티권이 표현의 자유보다 앞선다고 할 수 있다.

향후 유명인의 초상권 등을 이용해 콘텐츠를 제작하는 경우, 사전 동의와 계약을 하는 것이 가장 적절한 방법이다. 만일 그것이 힘들 경우, 유명인의 이미지를 단순히 차용하는 것에 그치는 것이 아닌 상당한 변형을 통해 퍼블리시티권의 침해에서는 벗어나고, 표현의 자유 또한 보호받을 수 있도록 해야 한다.

일구회에 따르면 퍼블리시티권 행사를 통해 2012년까지 은퇴선수 1인당 1,000만~2,000만원이라는 금전적 혜택을 받는다고 밝혔다. 이 보도가 시사하는 바는 크다. 퍼블리시티권이라고 하는 배타적인 재산권을 통해 은퇴 후에도 금전적인 소득을 얻을 수 있다는 점을 보여주었기 때문이다. 이는 또 과거에는 게임이라는 콘텐츠만을 통해 금전적인 보상을 얻을 수 있었지만, 앞으로는 또 다른 콘텐츠들을 통해 추가적인 수익을 창출할 수 있다는 가능성을 보여준 것이기도 하다. 은퇴선수들의 이름과 등번호가 적힌 유니폼, 버블헤드 등의 인형, '김태균 버거'나 '강민호 치킨' 같은 네이밍 굿즈까지. 추후 퍼블리시티권을 통한 선수들의 수익창출은 더욱 무궁무진해질 것이다.

불과 10년 전까지만 해도 그 누구도 생각하지 못했던 권리, 퍼블리시티권. 개념조차 생소했던 권리가 하나의 당당한 권리로 인정받기까지엔 수많은 개인과 단체의 노력이 있었고, 지금도 계속 논의되는 개념인만큼 앞으로 더욱더 넓은 범주의, 많은 부분의 권리가 퍼블리시티권으로 인정될 것이다.

그라운드를 떠나 제2의 인생을 살고 있는 선수들까지도 퍼블리시티권이라고 하는 권리를 통해 그들이 은퇴하기 전, 즉 현역시절의 기록으로 금전적인 보상을 받을 수 있다는 사실. 이 사실은 지금 경기장에서 구슬땀을 흘리고 있는 선수들이 선수 본업에 더욱 집중할 수 있도록 하는 좋은 원동력이 되어줄 것으로 기대한다.

복싱선수 사망 사건으로 보는 생명권과 명예권

2016년 9월 7일, 충남 청양에서 개최된 '제48회 전국복싱선수권대회'에서 벌어진 안타까운 소식은 한국 복싱계에 큰 파문을 일으켰다. 64kg급 8강전, 수원 영생고등학교 1학년이었던 김정희 선수는 0-3 판정패 직후 관중석에 있는 아버지 옆으로 올라가 휴식을 취하던 중 의식을 잃고 쓰러졌다. 경기장 주변 의료원에 이송된 김 선수는 닥터 헬기를 통해 대학병원까지 가 수술을 받았지만 결국 뇌사판정을 받았고, 33일 만인 10월 9일 유명을 달리한다.

사고 이후 김 선수가 소속된 것으로 알려졌던 화성시 복싱협회에서는 김 선수가 결코 자기 협회에 소속된 적이 없다고 주장했다. 하지만 언론을 비롯한 사회의 지속적인 관심과 더불어 김 선수가 화성시 복싱협회에 소속되었다는 증거들이 지속적으로 드러나면서 결국 협회는 김 선수가 협회에 등록되었다는 사실을 시인한다. 해당 사건에서 고(故) 김정희 선수는 두 가지 인권, 생명권과 명예권 두 권리를 침해받았다.

본래 복싱이라는 운동은 상대방의 얼굴과 몸을 가격하여 쓰러트리는 것을 승리 요건으로 하는 스포츠인 만큼 상당한 위험을 내포하고 있다. 법적으로도 스포츠가 내포한 위험성에 의한 부상은 일반적으로 위법성을 인정하지 않는다. 실제 대법원에서도 이렇게 판결하기도 했다.

"복싱과 같이 상대방에 대한 가격이 주를 이루는 운동경기는 경기 자체에 내재한 부상 위험이 있고, 그 참여자는 예상할 수 있는 범위 내에서 위험을 어느 정도 감수하고 경기에 참가하는 것이기 때문에 상대방의 주의의무 이행 여부는 여러 제반 사정을 종합적으로 고려해야 하며 그 행위가 사회적으로 상당성의 범위를 벗어나지 않았다면 손해배상의 책임을 묻지 않는다."

따라서 상대 선수의 타격에 의한 뇌출혈 자체는 문제가 아니다. 오히려 김정희 선수의 뇌출혈 이후 코치, 심판 그리고 의료진들의 안이한 대응으로 김 선수의 생명권이 침해당했다는 이야기이다.

김정희 선수의 생명권이 침해당한 첫 번째는 경기 도중 세컨드(코치)와 심판의 아쉬운 판단에 의해 일어났다. 당시 김 선수의 경기 영상을 보면 경기가 몇 번 중단되었던 것을 볼 수 있다. 김 선수가 주먹에 맞고 마우스피스가 떨어졌을 때, 그리고 심판이 김 선수를 따로 부른 경우가 두 번, 마지막으로 김 선수가 쓰러지고 심판이 카운트다운을 할 때,

이렇게 총 4번의 경기 중단이 있었다.

하지만 이 중 코치나 심판이 선수의 상태를 자세하게 체크하는 모습은 보이지 않았다. 코치도, 심판도 김정희 선수의 상태를 너무 간과했다는 분석이다. 도승진 한국권투인협회 부회장 또한 칼럼에서 세컨드가 수건을 너무 늦게 던진 것(수건을 던진다는 것은 경기 포기를 의미)과 심판이 적절히 경기를 중단시키지 못한 것을 사고의 원인으로 들고 있다. 세컨드 혹은 심판이 조금만 더 선수의 상태를 유심히 지켜보았다면 비극을 막을 수 있었다는 지적이다.

김정희 선수의 생명권이 침해당한 두 번째는 사고 직후 미흡했던 초기 대응에서 비롯됐다. 김 선수가 의식을 잃은 직후 경기장에 있던 의료진은 김 선수의 상태를 확인했다. 이미 그때는 동공이 풀려있어 뇌출혈이 의심되는 상황이었다. 이러한 상황에서도 김 선수는 CT장비와 신경외과 수술이 가능한 병원이 아닌 가까운 지방 의료원으로 이송됐다. 도착한 지방 의료원에서 아무런 조치도 받을 수 없었던 김 선수는 의료헬리콥터를 통해 장비가 갖추어져 있는 대학병원으로 이송되어 수술을 받았지만 결국 뇌사판정을 받았다.

여기서 가장 큰 문제는 경기장 내에 있던 의료진들이 김 선수의 뇌출혈을 충분히 인지할 수 있는 상황에서 김 선수를 곧바로 수술 장비가 갖추어진 큰 병원이 아닌, 시설이 열악한 지방 의료원으로 보냈다는 점이다. 김 선수가 대학병원으로 옮겨질 때까지 걸린 시간은 1시간 반. 만일 지방 의료원을 거치지 않고 곧바로 대학병원으로 이송되었다면 김 선수의 생존 가능성은 훨씬 높았을 것이다.

김정희 선수가 침해받은 또 다른 인권은 명예권이다. 대회 당시 김정희 선수는 화성시 체육회 유니폼을 입고 출전했다. 하지만 사고 직후, 화성시 복싱협회와 그 상위기관인 화성시 체육회에서는 김 선수가 협회 소속 선수가 아니라며 부인했다. 언론과의 인터뷰에서 화성시 복싱협회 관계자는 유니폼이 단지 선물이었을 뿐, 김 선수가 정식으로 등록된 선수는 아니었으며 선수 마음대로 선물 받은 유니폼을 입고 출전했을 뿐이라고 주장했다. 화성시 체육회 또한 김 선수가 '소속 선수 명단에 없어 대회 참가 여부 자체도 몰랐고, 왜 김 선수가 화성시 유니폼을 입고 출전했는지도 의문'이라고 밝혔다.

하지만 대회를 주관한 대한복싱협회를 통해 김 선수가 화성시 복싱협회 소속 선수로 대회를 출전한 것이 밝혀졌고 김 선수가 대회 출전 당시 입은 유니폼 또한 화성시 복싱협회 전무이사 측에서 지원한 것으로 드러났다. 김 선수가 중학교 3학년이던 시절에는 화성시 출신 경기도 대표로 소년체전에 출전하기도 했고, 화성시 지역신문에는 김 선수가 화성시의 이름을 높였다는 취지의 기사 또한 실렸던 것을 본다면 충분히 화성시 체육회와 복싱협회도 김 선수를 알고 있었다는 점과 김 선수가 화성시 복싱협회 소속이었다는 점을 알 수 있다.

왜 화성시 체육회와 복싱협회는 김정희 선수의 소속을 필사적으로 부인했을까? 화성시 체육회나 복싱협회가 김 선수를 소속 선수로 인정한다 해도 지금과 상황 자체는 크게 달라지지 않는다. 대회 출전 시 보험은 개인이 가입하는 것이기에 협회 측에서 보상의 책임이 있는 것도 아니고, 협회에 따르면 선수가 해당연도에 받을 수 있는 지원 예산도 이미 다 받았기에 금전적으로는 전혀 문제 될 것이 없다. 하지만 복싱협회와 체육회 관계자들은 "우리는 그 아이에게 대회에 나가라고 강요한 적이 없다"는 말을 반복했다고 한다. 화성시 체육회 관계자는 "자칫 잘못하면 저희가 정말로 잘못이 있는 걸로 비칠 사안이 돼서 그게 민감하죠"라고 말하기도 하였다. 결국 책임을 져야 한다는 부담으로 김 선수의 소속을 부인했다는 지적이다. 책임을 지는 것을 두려워해 사과와 반성, 그리고 위로를 전하는 것조차 인색해하는 모습에 가장 상처를 입은 사람은 다름이 아닌 김 선수의 유가족이었다.

> "정희는 사고를 당한 거죠. 우리도 잘 알아요. 사고가 난 걸 협회나 체육회에서 어떻게 하겠어요. 우리는 그 책임을 물으려는 게 아니에요. 단 한마디가 듣고 싶었어요. '정희는 자랑스러운 선수였습니다. 끝까지 최선을 다해 싸워줘서 감사합니다.' 이것뿐이에요."

2016년 11월 11일, 화성시는 유가족들의 김정희 선수의 명예회복 요청에 따라 진상조사를 진행했다. 그 결과, 김정희 선수는 화성시 소속 선수로 결론을 내렸다. 채인석 화성시체육회 회장 겸 화성시장은 "늦게나마 진상을 밝히고 고 김정희 군의 명예를 회복할 수 있게 돼 다행이다. 화성시 복싱협회가 화성시체육회의 가맹 경기단체인 만큼 체육회장으로서 초기대응이 미흡했던 점 다시 한번 진심으로 사과드린다"고 말했다. 유가족들 또한 늦게나마 시장의 사과로 김정희 선수의 명예가 회복돼 다행이라는 뜻을 전하였다.

생활체육으로 시작한 복싱이었지만 엘리트 코스를 밟아온 선수들에게 결코 뒤지지 않았고, 국가대표의 꿈을 품고 열심히 노력하던, 성실하고 모범적인 소년은 불의의 사고로 세상을 떠났다. 김정희 선수의 사망은 경기 중 일어난 '사고'라는 면에서 그 책임을 누구에게 돌리기는 어렵다. 하지만 코치, 심판, 그리고 의료진의 조금 더 적절한 판단이 있었다면 김 선수가 세상을 떠나지 않았을 것이라는 아쉬움이 남는다. 또한 협회가 처음부터 김 선수를 외면하지 않고 유가족에게 사과와 위로의 뜻을 전했다면, 유가족들이 상처받지도 않고 김정희 선수의 명예 또한 지켜졌을 것이라는 점에서 해당 사건은 단순히 스포츠로서 뿐만이 아니라, 인권이라는 부분에서도 많은 점을 시사하는 사건이었다.

故 김정희 선수의 명복을 빕니다.

운동 중 부상,
누가 책임져야 할까?

최근 정부의 생활체육 활성화 정책과 더불어 취미생활을 통한 삶의 질 향상을 위해 많은 시민들이 동아리, 동호회 등을 통해 스포츠를 즐기기 시작했다. 동아리 농구, 조기축구, 사회인야구로만 대표되던 생활체육이 이제는 배구, 배드민턴, 테니스 등 다양한 종목으로까지 확장되고 있는데, 생활체육의 참여가 늘어나는 동시에 경기 도중 부상을 당하는 사례 또한 많아지고 있다.

공식 동호회에서 체육활동 중 부상을 당하는 경우, 대부분 동호회가 가입한 보험에 의해 치료비를 비롯한 금전적 배상을 받을 수 있다. 하지만 부상 정도가 심해 보험료 이상의 금전적 손해가 발생한다거나, 동호회가 보험에 가입하지 않았다거나, 동호회가 아닌 개인 간 체육활동에서 벌어지는 부상의 경우 그 손해를 누가 책임질 것인지가 문제로 떠오르고 있다. 기본적으로 운동경기에 참여하는 개인은 본인의 행동으로 다른 사람들이 다칠 수 있다는 것을 인지하고 경기규칙을 지켜

타인이 다치지 않도록 안전배려의무를 다하는 것이 원칙이다. 하지만 이전 글에서 언급하였듯, 격투 종목을 비롯해 축구, 농구 등 몸싸움이 용인되는 경기에서는 부상 위험을 어느 정소 감수하고 참여하는 것으로 간주한다. 다음은 관련 판례의 일부다.

"…그런데 권투나 태권도 등과 같이 상대 선수에 대한 가격이 주로 이루어지는 형태의 운동경기나 다수 선수가 한 영역에서 신체적 접촉을 통하여 승부를 이끌어내는 축구나 농구와 같은 형태의 운동경기는 신체접촉에 수반되는 경기 자체에 내재한 부상 위험이 있고, 그 경기에 참여하는 자는 예상할 수 있는 범위에서 위험을 어느 정도 감수하고 경기에 참여하는 것이므로, 이러한 유형의 운동경기에 참여한 자가 앞서 본 주의의무를 다하였는지는 해당 경기의 종류와 위험성, 당시 경기진행 상황, 관련 당사자들의 경기규칙 준수 여부, 위반한 경기규칙이 있는 경우 규칙의 성질과 위반 정도, 부상 부위와 정도 등 제반 사정을 종합적으로 고려하여 판단하되, 그 행위가 사회적 상당성의 범위를 벗어나지 않았다면 이에 대하여 손해배상책임을 물을 수 없다."

부상이 있다 하더라도 가해자의 행위가 경기 일부로 받아들여질 수 있는 정도라면 가해자의 책임을 묻지 않고, 반대로 그 가해행위가 여러 사정을 종합적으로 고려했을 때 상식적으로 받아들여지기 힘들 정도라면 책임을 물을 수 있다는 판결이다.

실제 농구경기 도중 충돌로 인해 앞니 두 개가 부러진 사례에서 야간 하프코트(반코트) 경기가 그 자체로 위험성을 내포하고 있다는 점, 리바운드 도중 어깨와 앞니의 충돌이 있었던 점을 고려해본다면 가해자가 경기규칙을 어겼다고 보기 힘들다는 점, 농구경기 자체가 몸싸움과 충돌이 많은 경기라는 점 등을 고려했을 때 가해자가 사회적 상당성을 벗어났다고 보기 힘들다며 무죄를 인정한 판례가 있다.

반면 축구경기 도중 공을 다투는 상황도 아니었음에도 불구, 가해자가 피해자의 턱을 들이받은 사고에서 가해자 키가 피해자보다 10cm나 큰 만큼 가해자의 고의성을 인정한 경우나, 배드민턴 복식경기 도중 같은 팀원을 가격해 부상을 입힌 상황에서 팀원 간 안전배려의무를 위반한 것으로 판시해 가해자의 손해배상책임을 인정한 사례들도 있다.

결론적으로 운동 중 부상에 의한 손해배상은 사례별로 판단해야 하며 사회적 상당성의 범위를 벗어나지 않는다면 가해자가 부상에 대한 손해배상을 할 의무는 없다. 하지만 즐기기 위해, 우리의 삶이 더 윤택해지기 위해 즐기는 체육활동인 만큼 타인은 물론 스스로의 안전에 조금 더 신경을 쓰며 경기 중 부상 자체가 생겨나지 않도록 조심해야 할 필요가 있다.

도핑,
경기력 향상을 위한
하나의 도구일까?

2018년 평창 동계 올림픽은 성공적으로 마무리되었지만 대회 개막 직전까지만 해도 흥행에 악영향을 끼칠 요인들이 수없이 발생하며 여러 사람들의 우려를 자아냈다. 경기장 주변 숙박업소의 과다한 숙박비 책정, 자원봉사자 배치 등과 관련된 논란, 비싸지만 내용은 부실한 평창 식단, 쇼트트랙 종목의 주장인 심석희 선수에 대한 코치의 폭행과 해당 코치의 영구 제명, 협회의 실수로 올림픽참가가 불가해졌다가 우여곡절 끝에 참여가 가능해진 노선영 선수 사례, 그리고 또다시 협회의 실수로 선발 선수의 절반 이상이 올림픽에 참가하지 못하게 된 스키 국가대표팀 등, 대회 시작 직전까지 바람 잘 날 없는 날의 연속이었다.

외신에서 들려오는 뉴스들도 마찬가지였다. 북한의 평창 올림픽 참가가 확정되기 전까지 한반도 정세에 대한 우려의 목소리는 듣기 어렵지 않았다. 프랑스는 선수들의 안전이 보장되지 않는다면 대회 참여 자체를 재고하겠다는 뜻을 밝혔고 캐나다, 호주 등의 국가 또한 공식·비공식적으로 불참 가능성을 시사했다. 세계 최고의 아이스하키리그인

NHL 또한 올림픽 기간 중 시즌을 계속 진행하기로 결정했다며 올림픽 불참을 선언해 전 세계 아이스하키 팬들의 기운을 빼놓았다.

　이러한 국내외 악재 중 가장 큰 악재는 동계 올림픽 최강국 중 하나인 러시아 국가대표팀의 평창 올림픽 불참이었다. 러시아 정부가 올림픽을 보이콧하기로 결정한 것은 아니었다. 2014년 소치 동계 올림픽에서 러시아가 국가 차원 수준으로 선수들의 도핑에 관여했다는 사실이 드러나며 국제올림픽위원회에게 출전금지를 당했던 것이었다. 결국 올림픽 출전 자격을 갖춘 러시아 선수들은 러시아 국가대표 자격이 아닌 개인 자격으로 평창 올림픽에 출전해야 했다.

　도핑과 관련된 논란은 어렵지 않게 찾아볼 수 있다. 대한민국 수영의 간판스타인 박태환 선수도 도핑 논란으로 고초를 겪었고, 고환암까지 이겨내며 사이클의 전설로 추대받던 랜스 암스트롱도 도핑 사실이 드러나며 모든 기록이 무효화 됐다. 국내 프로야구 두산 베어스의 간판타자 김재환 선수는 과거 도핑에 의한 제재를 받은 후 현재 거두고 있는 좋은 성적조차 약물로 인한 성적이라며 조롱을 받고 있다. 메이저리그에서 한 시대를 풍미했던 배리 본즈, 맥과이어, 클레멘스 등도 도핑 사실이 드러나며 그들이 충분히 좋은 성적을 냈음에도 불구, 은퇴 후 명예의 전당에 입성하지 못하고 있다.

　도핑이란 '운동경기에서 체력을 극도로 발휘시켜서 좋은 성적을 올리게 할 목적으로 선수에게 심장흥분제·근육 증강제 따위의 약물을 먹이거나 주사 또는 특수한 이학적 처치를 하는 일'을 의미한다. 과거 경주마에게 주입하던 약물의 이름이 도프(dope)였는데 이 이름을 따 이러한 행위 자체를 도핑(doping)으로 명명하게 됐다. 도핑은 우리가 뉴스를 통해 쉽게 접할 수 있는, 근육을 단련하기 위한 스테로이드 등 호르몬 조작 약물 도핑이 대표적이다. 이 외에도 본인의 피를 빼놨다가 경기 전 빼놓은 피를 수혈해 지구력을 높이는 등의 화학적, 물리적 조작 도핑과 유전자 조작 도핑, 그리고 자전거에 모터를 다는 등의 기계 조작 도핑 등도 자행되고 있다.

운동선수들에게 도핑은 엄청난 유혹이다. 이미 정상궤도에 오른 선수들에게는 0.01초의 시간 단축, 0.01cm의 기록 연장, 0.01만큼의 경기력 향상을 위해서는 수많은 노력과 고통을 감내해야 한다. 하지만 약물은 큰 노력 없이 경기력을 향상시켜줄 수 있다.

도핑 관련하여 흥미로운 연구가 하나 있다. 40명의 성인을 약물(테스토스테론)을 주사하지 않고 운동도 하지 않는 그룹, 약물을 주사하지 않았지만 운동은 하는 그룹, 주기적으로 약물을 주사하지만 운동은 하지 않는 그룹, 주기적으로 약물을 주사하고 운동도 하는 그룹으로 나눈 후 10주 후에 그들의 근육량 차이를 비교해보았다.

약물을 주사하지도, 운동을 하지도 않은 그룹에서는 거의 근육량에 차이가 없었다. 약물은 주사하지 않았으나 운동을 한 그룹은 약 4

파운드(1.8kg)의 근육량 증가를 보였다. 반면 주기적으로 약물 주사를 맞았지만 전혀 운동을 하지 않은 그룹은 약 8파운드(3.6kg)의 근육량 증가를, 주기적 약물 주사를 맞으며 운동을 한 그룹은 무려 14파운드(6.3kg)의 근육량 증가를 보였다. 운동을 아예 하지 않고 약물 주사만 맞았을 뿐인데도 불구하고 운동했을 때보다 2배의 근육량이 늘어난 점을 본다면 큰 근육을 필요로 하는 보디빌딩, 야구선수 등은 도핑에 강한 유혹을 느낄 수밖에 없다. 도핑의 효능은 단순히 근육량을 늘리는 데 그치지 않는다. 집중력, 지구력, 체중감량 등의 효과를 낼 수 있는 도핑도 있는 만큼 거의 모든 종목의 선수들이 도핑 유혹에서 자유롭지 않다.

IOC를 비롯한 각종 스포츠 단체에서는 도핑을 반대하는 이유로 공정성, 자연성, 선수들의 건강, 강요, 미래세대들에 대한 역할모델 등의 이유를 제시한다.

다시 말해 도핑은 스포츠 정신의 기본적인 토대가 되는 페어플레이(Fair Play) 정신에 위배되고, 도핑을 통한 경기력 향상은 자연성을 훼손하는 행위이며, 선수들의 건강을 해치고, 본인의 의사가 아닌 타자의 강요일 수 있으며, 선수를 꿈꾸고 있는 청소년들에게 좋지 않은 교육적 효과를 낼 수 있기 때문에 도핑이 금지되어야 한다는 논지이다.

이러한 이유에 대한 논리적 반박도 만만치 않다. 공정성에 대한 반대

논리로는 도핑의 금지가 오히려 공정성을 저해한다는 점을 지적한다. 도핑을 금지한다 해도 누군가는 도핑검사에 걸리지 않는 약물 복용 등을 통해 그들의 경기력을 향상시킨다. 도핑 검사의 경우도 전수조사를 하는 큰 대회의 경우를 제외하면 일부 팀, 일부 선수들만을 대상으로 하는 경우가 많기에 요행을 바라고 도핑을 하는 선수들도 있다. 검사용 소변을 본인 것이 아닌 타인의 소변으로 제출하거나 종목, 대회에 따라 도핑검사 전 미리 공지를 해주는 것을 이용해 검사 시간 전까지 약물이 전부 빠져나가게 하는 방법을 통해 도핑검사에 걸리지 않게 하는 경우도 있다. 이러한 점들을 고려한다면 도핑을 금지하는 것이 아니라 모든 선수들이 도핑할 수 있도록 하는 것이 오히려 더 공정하다는 논지이다. 금지함으로써 규정을 회피해가는 소수의 선수에 의해 다른 다수의 선수들이 희생되느니 다 같이 약물을 하는 것이 더 공평하다는 주장이다.

자연성에 대한 반박으로는 이미 선수들의 신체, 루틴, 훈련방법, 용품 등이 이미 자연적이지 않다는 점을 든다. 반(反)도핑론자들은 약물을 통해서 형성된 근육, 향상된 경기력은 자연을 거스른 만큼 인위적이기 때문에 순수성을 강조하는 스포츠계에서는 인정하면 안 된다고 주장하는데, 이 주장이 스포츠 그 자체를 부정한다는 논지이다. 프로 선수들을 비롯해 이제는 아마추어 선수들까지 몸 관리를 위해 식생활을 조절한다. 칼로리부터 영양소까지 철저하게 계산된 식생활이 과연 자연스럽다고 할 수 있을까? 복싱, 태권도 등 종목에서 체급을 맞추기 위해 열량섭취를 극단적으로 줄이고, 사우나까지 동원해서 땀을 흘리며 본인의 체중을 극단적으로 줄이는 것이 자연스럽다고 할 수 있을까? 이러한 행위들을 비롯해 물, 공기의 저항을 덜 받기 위한 운동복, 미끄러지지 않게 해주는 운동화, 선수들이 제대로 뛸 수 있도록 해주는 트랙 등, 이 모든 것 중 어느 하나도 자연스러운 것은 없으며, 그렇기 때문에 도핑의 반대하는 근거로 자연성을 드는 것은 모순이라는 논지다.

건강에 대한 반박으로는 도핑보다 선수들의 건강에 해로운 스포츠 요소들이 더 많다는 점을 꼬집는다. 도핑검사가 올림픽에 처음 도입된 이유도 도핑에 의한 선수의 사망사건 때문이었다. 도핑이 사망에 대한 위험성은 물론 심근계질환, 성기능의 저하, 고혈압, 탈모, 등의 심각한 부작용 발생의 가능성을 가지고 있는 것은 사실이다. 하지만 도핑이 허용되어야 한다고 주장하는 사람들은 이는 엄연히 하나의 부작용일 뿐이며 해당 약품들이 실제 피부병을 비롯한 여러 질환을 치료하기 위해 실제로 처방되는 약임을 강조한다. 더 나아가 도핑 부작용으로 인한 피해자보다는 복싱, 이종격투기 등의 타격기 스포츠와 익스트림 스포츠 등에서 발생하는 사망자와 부상자가 월등히 많다는 것을 제시하며 진정으로 선수들의 건강을 생각한다면 도핑보다 위험한 종목 자체의 폐지를 검토해야 하는 것이 필요하다고 주장한다.

강요에 대한 반박으로는 선수들이 도핑을 하는 이유가 누군가의 강요가 아닌, 자기 자신의 자유로운 선택이라는 점을 든다. 도핑론자들은 선수들의 도핑이 감독이나 코치의 강요로 이루어진다고 생각하지 않는다. 오히려 본인들이 신기록을 달성하기 위해, 사회적 명예와 지위를 얻기 위해, 대표팀 선발이나 국제대회에서의 입상 등을 위해 도핑을 한 경우가 더 많다고 주장한다. 인간은 자유의지를 지니고 있고, 다 큰 성인 선수들에게 감독이나 코치 등 지도자가 도핑에 대한 제안, 권유 정도는 할 수 있지만 현실적으로 강제할 수는 없다는 논지이다.

마지막으로 역할모델에 대한 반박으로는 성인 선수들의 역할모델로서의 활동이 의무가 아님을 강조한다. 반도핑론자들은 유명 선수들의 도핑을 보고 자라나는 청소년, 어린이 선수 또한 약물 등 도핑에 관심을 갖게 될 것이라 이야기한다. 도핑론자들도 이 가능성 자체를 부정하지는 않는다. 대신 유명 선수들의 역할모델로서의 다른 모습들에 대해 이야기한다. 술, 담배를 하는 것 또한 자라나고 있는 어린 선수들에게는 좋지 않고, 교육적이지도 않은 모습이다. 하지만 그렇다고 해서 유명 선수들에게 술, 담배를 강제적으로 금하지 않는다. 역할모델로서의 제 기능을 수행하기 위해서는 유명 선수들이 도핑을 하지 않는 것뿐만이 아니라 그들이 올바른 언어를 사용한다든가, 바른 가치관을 가지고 모범적인 생활습관을 보여준다든가, 문란하지 않은 이성 관계를 가지는 것 등이 더 중요하다는 입장이다. 더 나아가 도핑과는 달리 다른 요소들을 어겼다고 하여 대표, 선수 자격을 박탈하거나 징계를 내리지는 않는다는 점을 제시하며 도핑을 금지하는 이유로 역할모델을 제시하는 것 또한 근거가 되기에는 부족하다는 주장이다.

　하지만 여전히 도핑은 금지되어야 한다. 혹자는 위험한 수준의 도핑을 하는 것은 개인의 선택이자 자유이고, 상기 언급한 대로 지도자의 강요도 아닌 만큼 이에 대한 책임은 전적으로 선수의 책임이라고 하지만 그렇지 않다. 도핑을 허가한다면 사실상 선수들의 도핑은 '강요'에 의한 선택으로 변질될 수밖에 없다. 많은 비용과 시간을 들여 자신을 선수로 키워준 부모의 기대, 부양해야 하는 가족들, 코치와 감독이 요구하는 경기력, 팀과 팬들이 바라는 승리…, 이 모든 것은 선수에게 크나큰 부담으로 다가온다. 이러한 상황에서 경쟁 선수들이 도핑을 하고 더욱더 나은 경기력을 보여준다면 그 어떤 선수가 초연히 그 모습을 바라만 보고 있을 수 있을까?

　도핑 없이 도핑한 선수를 따라잡기란 결코 쉽지 않다. 결국 선수생활을 이어가기 위해서 본인도 어쩔 수 없이 도핑을 해야 하는 상황이 벌어지게 되고 이는 결코 자유의지로 볼 수 없다. 더 나아가 이러한 모습은 곧 공정성을 해하는 것이기도 하다. 스포츠 경기의 결과가 선수들의 피땀으로 일군 능력을 통해 결정 나기보다는 누가 더 효과가 좋은 도핑, 많은 도핑을 했는지에 따라 결정될 가능성이 농후하기 때문이다.

이러한 일련의 모습들은 선수들의 건강, 생명과도 직결된다. 스테로이드를 비롯해 도핑에 사용되는 많은 약물이 실제 치료 목적으로 사용되는 것은 사실이다. 이 경우, 환자는 의사와 약사의 지도로 적정량의 약물만을 복용한다. 하지만 스포츠 세계에서는 다르다. 선수들은 더욱 많은 근육량, 더욱 높은 수준의 경기력을 보여주기 위해 적정 복용량을 훨씬 뛰어넘는 양을 복용할 것이 분명하다. 경쟁 선수의 경기력을 다시 뛰어넘기 위해 한 선수가 도핑을 하면, 상대 선수도 그 경쟁자를 넘어서기 위해 또다시 도핑하는 악순환이 반복될 것이다.

공정성을 위배하고, 원하지 않는 선수들에게도 사회적 압박에 의한 강요로 도핑을 하게 만들며 추후 선수들의 생명권을 직접 침해하는 도핑. 도핑은 단순히 경기력을 높이고자 하는 선수들이 누릴 수 있는 권리가 아니다. 도핑은 스스로 생명권을 침해하는 행위에 불과하며 동시에 주변 동료들의 피와 눈물로 이루어진 노력을 폄하하는 행위이고 사회적 공정성을 무너트리는 행위일 뿐이다. 다른 선수들의 권리를 위해, 그리고 스포츠의 페어플레이 정신을 지키기 위해, 도핑에 대한 철저한 규제와 제재는 반드시 필요하다.

1부 '선수도 사람이다'를 정리하며

대한민국은 자타공인 스포츠 강국이다. 박세리, 박찬호를 필두로 박태환, 김연아, 박지성, 손흥민 등 수많은 세계적인 선수들을 배출했고 올림픽, 월드컵에서 거두는 우리나라 성적은 이제 세계에서도 주목할 정도다.

하지만 우리가 '스포츠 강국'이라고 불릴지언정 '스포츠 선진국'으로 불리기에는 가야 할 길이 멀다. 스포츠 선진국으로 불리기 위해서는 대외적으로 거두는 성적 외에도, 우리나라에서 얼마나 선수들의 인권이 보호받고 있는지, 유소년클럽을 비롯한 저변이 얼마나 잘 갖춰져 있는지 등을 고려해야 하기 때문이다.

미국을 비롯한 많은 스포츠 선진국에서는 선수 그들의 인권이 침해받지 않도록 하는 정책들이 시행되고 있으며, 동시에 감독을 비롯한 현장 관계자들도 선수들의 인권이 무엇인지 충분히 인지하고, 지켜주려고 노력하고 있다. 하지만 우리나라는 아직이다. '글을 시작하며'에서도 언급했듯 우리나라 스포츠계에서 '인권'을 논의하기 시작한 것 자체가 얼마 되지 않았다. 그렇기 때문일까, '선수들의 이야기' 대부분이 그들이 침해받은 인권 이야기였다.

글 쓸 거리는 많았지만 글을 쓰면서도 마음은 늘 무거웠다. 내가 경기장에서, TV에서 응원하던 선수들이 흘린 땀방울과 눈물은 자신의 한계를 뛰어넘기 위해 노력하는 과정에서 오는 고통에서만 온 것이 아니었다는 점, 그리고 어쩌면 내 또래의 대학생 선수들 또한 여전히 인권 침해로 인해 눈물을 흘리고 있을 수 있다는 사실이 너무 안타까웠다.

그나마 위안이 되는 것은 이러한 점에 사람들이 문제의식을 느끼기 시작했다는 사실이었다. 지금까지 당연하다고 인식되던 일들, 선수들에게 긴장감 조성을 위해 폭행을 가한다거나, 학교 공부는 뒷전으로 미루고 하루 종일 운동만 시킨다거나, 공인이라는 이유로 그들의 삶 하나하나를 다 밝혀내려는 모습들이 더 이상 당연하지 않고, 아니 오히려 당연히 '하면 안 되는' 일로 간주되기 시작했다는 사실이 내 무거운 마음을 조금이나마 가볍게 해주었다.

일반 시민뿐만이 아니었다. 정부도, 현장 관계자들도 더 이상 우리나라가 단순히 '스포츠 강국'이 아닌, '스포츠 선진국'이 되기 위해 스스로 노력을 하고 있다는 점을 발견했다. 하루빨리 선수들의 인권이 확보되어 우리나라도 스포츠 강국을 넘어 스포츠 선진국이 되길 바란다.

2부

인권이
승리를 만든다

축구계의 인종차별,
그리고 대한민국

2017년 3월 12일(한국시각), 잉글랜드 FA컵 8강전 토트넘 핫스퍼 VS 밀월FC의 경기에서 토트넘 핫스퍼 소속 손흥민 선수는 해트트릭(3골)과 1도움을 기록, 팀의 6:0 대승을 이끌었다. ESPN, 데일리메일, 선 등 자체 평점을 내놓는 잉글랜드 매체에서 평점 10점 만점의 10점을 기록하며 최고의 하루를 보낸 그였지만, 오히려 이 경기에선 경기력이 아닌 다른 이유로 주목받았다. 바로 인종차별이다.

밀월 FC의 팬들은 손흥민 선수가 공을 잡을 때마다 'DVD'를 외쳤다. '불법 복제 DVD를 파는 아시아인'이라는 부정적 의미를 담은 야유였다. 그들은 '그(손흥민)가 너희 집 래브라도(개)를 먹어치운다(He eats your Labrador)'란 구호도 외쳤으며, 원숭이 소리를 흉내 내는 야유 또한 있었다. 손흥민 선수가 최고의 활약을 벌인 경기. 해당 경기가 끝난 후 언론의 스포트라이트를 받아야 했던 그였지만 인종차별적인 구호 때문에 손흥민 선수는 구단의 보호 아래, 언론과 제대로 된 인터뷰도 하지 못하고 경기장을 떠나고 만다.

인종차별(Racial Discrimination)이란 집단의 신체적 특성이 보다 우세하거나 보다 열세한 인종이라고 확인될 때 심리적 특성도 그와 같은 식으로 연결 지어 생각하려는 신념이다. 흔히 인종이나 민족 집단에 대한 그러한 부정적 감정을 가리킬 때 이 말을 사용한다.

위의 사례에서는 경기가 끝난 후, 밀월FC 감독인 릴 해리스 감독은 공식 인터뷰 석상에서 "축구에서나 사회적으로나 바람직하지 못한 행동이다. FA가 정식 조사를 해 엄중한 처벌을 하기 바란다. 모두가 축구를 즐기는 게 중요하다. 수치스럽다. 나는 못 들었지만 그랬다면 정말 치졸한 일이고 당연히 엄중한 처벌을 받아야 한다"고 말했다. 포체티노 토트넘 감독 또한 비록 경기 도중 그 구호를 듣지는 못하였지만 구단 차원에서 항의하고, 손흥민 선수를 적극적으로 돕겠다고 나섰다. 런던 경찰도 재빨리 관련 혐의에 대해 조사에 착수하며 토트넘으로부터 경기장 내 CCTV 화면을 입수했다. 잉글랜드 축구협회인 FA도 토트넘과 밀월에 영상자료를 요구, 자체 조사에 착수하기도 했다.

스포츠에서 인종차별은 수도 없이 많이 자행됐다. 비단 이번 손흥민뿐만이 아니라 유럽 리그에 출전한 박지성(당시 퀸즈 파크 레인저스), 설기현(당시 레딩FC), 이영표(당시 토트넘 핫스퍼), 기성용(당시 셀틱FC) 등 잉글랜드 프리미어리그(이하 EPL)를 거쳐간 한국 선수들 대부분은 인종차별적인 상대 팀의 구호나, 발언 혹은 모션 등을 경험했다.

이러한 인종차별은 아시아 선수들에게만 국한되지 않았다. 12년도 당시 리버풀 소속의 루이스 수아레스 선수가 당시 맨체스터 유나이티드 소속의 에브라 선수에게 '검둥이'라고 발언했던 것이라던가, 15년 2월 첼시 대 파리생제르맹(PSG)의 유럽축구연맹(이하 UEFA) 챔피언스리그 경기를 앞두고 첼시 팬들이 파리 지하철 리슐리외 드루오역에서 흑인들을 향해 인종차별적인 발언을 하며 흑인들이 지하철에 탑승하지 못하도록 방해했던 일, 14년도 반유대주의 깃발을 들고 응원한 파르티잔 서포터, 14년 비야 레알 팬들이 바르셀로나의 다니 알베스 선수에게 바나나를 던진 사례 등 인종차별한 사례는 셀 수 없을 정도로 많다.

14-15시즌 잉글랜드 축구협회에서 조사한 결과에 따르면 프로와 아마추어를 합친 모든 등록 축구팀에서 약 800여 건의 인종차별 행위가 신고되었다고 하니 유럽리그 전체로 확장한다면 그 수는 가늠하기 힘들 정도일 것이다.

FIFA를 비롯한 축구계에서는 이러한 인종차별에 대해 어떠한 대처를 하고 있을까? 우선 FIFA와 UEFA, 그리고 유럽 축구 리그들은 인종차별에 대해 단호한 대처를 하고 있는 것으로 보인다. 전 세계 축구계를 총괄하는 FIFA의 경우, 2001년 부에노아이레스 결의안 이후 본격적으로 인종차별주의 철폐를 위해 노력해왔다. 2002년부터 티에리 앙리, 보비 찰튼, 펠레, 메셀 플라티니 등 유명 축구선수들이 FIFA의 반(反) 인종차별주의 정책에 참여했으며, 2004년도에는 'Code of Ethics', 즉 윤리강령을 통해 인종차별을 금지했다. 2006년도에는

FIFA Disciplinary code, article 55를 수정하여 인종차별에 대한 강력한 제제가 가해질 수 있도록 했고, 같은 해 'Say No to Racism' 캠페인을 시작, 해당 문구가 새겨진 배너를 들고 경기 전 사진을 찍는 등 캠페인을 진행했다. 비록 2016년도에 해산되며 너무 이른 기간에 TF팀을 해산한 것 아니냐는 비판을 받기도 했지만, 2013년에는 인종차별 TF팀을 창설하기도 했다.

UEFA 또한 인종차별에 대해 강력한 대응을 할 것이라 선언하며, 심판이 경기 중 인종차별 행동을 했을 경우 최소 10경기 출전금지, 관중석에서 인종차별 행위가 나오면 최대 무관중 징계 등의 제재를 가할 것이라고 경고하였다. 더 나아가 인종차별적인 행동에는 사법적 처벌도 수반된다. 다수의 유럽국가에서는 차별금지법을 시행 중인데, 2000년 유럽연합의 기본권리헌장(Charter of Fundamental Rights of the EU), 2006년 독일 일반균등대우법(Allgemeines Gleichbehandlungsgesetz), 2006년 영국 평등법(Equality Act) 등이 그 예이다.

손흥민 선수에게 인종차별적인 구호를 외친 밀월FC의 팬들의 경우, 런던 경찰의 수사 결과에 따라 풋볼 배닝 오더(Football banning order) 명단에 올라가게 된다. 배닝 오더는 영국 법원이 만든 축구 팬 블랙리스트인데 여기에 이름이 올라가면 일정 기간 축구장 출입이 금지된다.

대한민국 프로축구 리그인 K리그는 지금까지 인종차별과는 거리가 먼 청정 구역으로 간주되고 있다. 2014년 우라와 레즈의 'Japanses only'라는 현수막에 맞선 2015년 수원 삼성 블루윙즈의 'Stadium for football, not only for Korean'이라는 현수막은 인종차별에 대응하는 모범적인 사례로 꼽히기도 했다. 2012년, 지금은 은퇴한 FC서울의 아디 선수를 '연탄장수'에 비유한, 당시 FC서울 스폰서 르꼬끄 스포르티브의 디자인 팀장을 사칭한 자의 발언이 있었지만 그 외에는 K리그에서 공식적으로 인종차별적인 사건은 없었다. 하지만 그렇다고 대한민국이, 그리고 K리그가 인종차별이라는 반인권적인 행위에서 자유로울 수 있을까?

우선 법적으로는 '그렇다'. 한국에는 인종차별이나 외국인 혐오 범죄가 없다. 아니, 존재할 수가 없다. 법률에 관련된 규정이 없기 때문이다. 이완 아시아인권문화연대활동가에 의하면 정부가 인종차별을 규정하고 있지 않아 한국에는 공식적으로 인종차별이 있을 수 없고, 인종차별이 정의되어 있지 않기 때문에 인종차별에 대한 처벌 규정을 만들 근거가 없다고 한다.

실제로 2015년 UN 인권이사회 특별보고관은 '대한민국 방문 보고서'를 통해 한국에 인종차별에 관한 법적 정의가 없는 점과 인종적 동기를 가진 범죄를 금지하거나 처벌할 특정 입법적 조치가 없는 점을 지적하기도 했다. 다시 말해 정말로 인종차별이라는 행위와 그에 수반되는 범죄가 없는 것이 아니라, 법적으로 인종차별이라는 용어가 규정되어있지 않고 규제할 수 있는 방법이 없기 때문에 한국에서는 인종차별적 범죄가 있을 수 없다는 논지이다.

법적인 규제가 없기에 공식적으로 그 정도와 수를 가늠할 수 없을 뿐, 우리는 분명 인종, 민족에 따른 차별을, 그리고 더 나아가 그들을 비하하고 있다. 특히 스포츠계는 더 그렇다. 중국 국가대표, 중국 슈퍼리그와 국내 국가대표, K리그의 경기에 대한 기사와 방송의 댓글 창에는 '짱께'를 비롯한 각종 중국 비하 발언으로 뒤덮여 있다. 일본 팀과의 경기 때도 마찬가지다. '왜놈', '쪽바리'를 비롯한 수많은 비하 발언을 일본 국가대표, J리그 팀과의 경기 기사와 방송 댓글 창에서 찾는 것은 결코 어려운 일이 아니다.

손흥민 선수 사태가 일어난 후, 우리는 비록 인종차별이라는 그 행위 자체에는 분노했을지언정 양 팀의 선수들, 감독, 구단, 리그협회 그리고 런던의 경찰까지 손흥민 선수의 편에서, 인종차별을 행한 자들의 반대에 서는 것을 보면서 안도감과 그들의 시민의식을 느낄 수 있었다.

아직 대한민국 사회에서 인종차별이 피부에 와 닿을 정도로 행해지지 않는다 해도 그 빈도수와 정도는 글로벌화(化)라는 시대의 흐름에 맞춰 점점 더 증가하고 있다. 조속한 법률적, 정책적 대안 마련도 필요하지만 그 전에 우리 스스로 인종차별적인 발언과 행동을 하지 않았는지 돌아보고 반성하며 재발을 방지하기 위한 마음가짐을 가져야 한다.

스포츠와 정치,
그 불가분의 관계

2016년 8월, 미국프로풋볼(이하 NFL) 산하의 샌프란시스코 49ers 소속 쿼터백 콜린 캐퍼닉은 경찰의 흑인 과잉대응과 인종차별에 대한 항의의 뜻으로 경기 전 미국 국가가 연주되는 도중 한쪽 무릎을 꿇었다. 그 이후 수많은 선수들이 콜린의 뜻에 동조한다는 의미로 함께 무릎을 꿇었고, 2017년 시즌에도 선수들의 무릎을 꿇는 행동은 계속되었다.

이에 대해 미국 대통령인 도널드 트럼프 대통령은 무릎을 꿇는 저항을 한 선수들(Protest Kneelers)에게 육두문자(Sons of bitches)까지 사용하며 그들의 행동은 애국에 반하는 행동이라 비난했다. 트럼프 대통령은 해당 선수들이 해고되어야 마땅하며 구단주들에게 그들을 해고하거나 징계하지 않은 경우(fire or suspend) NFL에 대한 보이콧까지 고려해야 한다며 분노했다.

이러한 트럼프의 태도는 더욱 많은 반항만 불러일으켰다. 2017년 9월 25일에는 무려 250여 명의 NFL 선수가 무릎 꿇기를 하며 저항의 뜻을 밝혔다. 피츠버그 스틸러스 팀은 미국 국가가 연주되는 동안 라커

룸에 선수들이 머물도록 했고, 테네시 타이탄스와 시애틀 시호크 또한 국가가 연주되는 순간에도 경기장에 나타나지 않았다. NFL 선수노조 또한 '선수들이 무릎 꿇기 저항을 자제시켜달라'는 NFL 커미셔너의 공식 서한에 대해 '지금으로선 국가 연주에 대한 어떠한 규정 변화도 받아들일 생각이 없다'며 계속하여 무릎을 꿇으며 인종차별에 대한 저항을 진행할 것이라는 공식 입장을 밝혔다.

물론 이러한 저항을 응원하는 사람들만 있는 것은 아니었다. 그들의 논리는 트럼프 대통령의 의견에 동의해서가 아닌, 스포츠와 정치의 분리에 대한 필요성 때문이었다. 전 시카고 베어스 수석 코치이자 방송국 ESPN에서 애널리스트로 활동하는 Mike Ditka는 "만일 당신이 시위(항의)를 하고 싶고, 그 시위 대상이 무엇이든, 당신은 시위할 권리가 있다. 하지만 당신은 프로 운동선수이다. 당신은 경기에 대한 의무를 지며 난 당신들의 활동(시위)에서 경기에 대한 존중을 찾아보기 힘들다. 난 단지 그들 개개인의 의견만 존중하려는 것으로 보인다. 경기를 존중하고, 경기를 하고, 시위하고 싶으면 경기가 끝난 후 언제든 (경기장에서의 시위하는 방법이 아닌) 어떤 방법으로든 하라"며 선수들의 행동을 지적했다.

2017년 10월, 한국에서도 스포츠와 정치 간의 관계 문제가 불거지는 사례가 생겼다. 국정감사에서 '히딩크 논란'을 다루기로 한 것이다. 국정감사는 국가대표 감독이었던 슈틸리케가 사임한 직후, 2002년 한일 월드컵에서 4강신화를 이뤄낸 히딩크 감독이 대한축구협회에 대한민국 축구를 위해 도움을 주고 싶다는 뜻을 밝혔음에도 축구협회에서는 이를 묵살한 채 협회의 입맛에 맞는 감독을 선임했다는 의혹에 의해 이루어졌다. 김호곤 부회장-히딩크 감독-노제호 히딩크재단 사무총장 간 진실공방 여부와는 별개로, 국정감사 또한 정치권이 '스포츠 자율성'이라는 원칙을 깬, 과도한 수준의 간섭이라는 지적이 일었다.

NFL의 사례나 '히딩크 사태' 등에서 볼 수 있듯 '스포츠의 정치적 중립성'은 늘 그 실효성에 대한 의문이 따른다. 스포츠가 정치적으로 중립성을 갖춰야 한다는 주장에 동의하지 않는 사람은 없다. 하지만 실질적으로 스포츠가 정치적으로 자유롭고 중립을 갖추고 있는가, 갖출 수 있는가라는 질문에 그렇다고 대답하기 힘들고, 동시에 어떻게 해야 정치적 중립을 지킬 수 있을까라는 질문에도 쉽사리 답하기 힘들다.

일반적으로 정치적 중립을 제일 강조하는 분야는 공직이다. 이는 공직을 정당의 지배로부터 독립시켜 공무원으로 하여금 정권의 교체와 상관없이 본연의 업무에 최선을 다할 수 있도록 하기 위함이다. 공무원의 정치적 중립은 공직을 정치세력의 간섭과 압력으로부터 보호하는 방법과 공무원 스스로가 정치활동을 하지 못하게 막는 방법으로 이뤄지고 있다. 이는 행정의 공정성, 계속성, 능률성을 지키고 행정의 부패 등을 방지하기 위함인데 스포츠계에서의 정치적 중립 또한 이와 궤를 같이한다.

스포츠는 정당의 지배로부터 독립이 되어야만 공정성이 확보된다. 현재 K리그의 수많은 시민, 도민 구단의 경우 해당 팀 감독과 선수 선발이 시의원, 도의원의 입김에게서 자유롭지 않아 일명 '낙하산 인사'로 선발된 이들이 존재한다.

K리그 시민구단 대전 시티즌의 경우, 공식 감독 공모를 하지 않았음에도 대전시 시의회를 통해 100여 통이 넘는 감독 이력서가 들어왔다고 전해진다. 이는 여러 의원 및 지역 유지들이 자기 연줄을 감독으로 앉히기 위해 진행한 정치적 암투의 결과물이다. 지역 유지들은 감독 선발뿐만이 아니라 새로운 선수 선발에도 관여하기까지 하는데, 대전시장이 임명한 구단 대표이사를 통해 "우리 애 좀 잘 봐달라"고 압력을 넣는 경우가 다수 있었다고 한다.

공정성을 잃은 상황에서는 감독이 특정 정당의 낙하산 인사로 선정된 경우 선수 선발, 출전 과정도 당연히 영향을 받을 수밖에 없다. 이는 결국 특정 개인이나 세력의 이익을 위한 팀 운영이 되어 버려 팀 자체와 팬들을 위한 팀 운영이 불가능해진다. 또한 차후 선거에서 감독의 배경 정당이 해당 지역 선거에서 패배하면 감독의 자리 또한 위태로워지고, 선거 때마다 정당의 영향으로 감독의 연임, 선임 여부가 결정된다면 그 팀은 해당 팀의 특성, 색깔 등을 잃을 수밖에 없다. 더 나아가 감독의 교체는 코치를 비롯한 스카우트, 프런트 등도 영향을 받아 그들도 인사 조처를 받게 되고, 시, 도의회에서 정당 간 의석수에 따라 예산도 매번 달라질 수 있어 그만큼 팀 운영의 능률도 떨어질 수밖에 없다. 성적이 아닌 선거에 따라 본인이 인사교체가 될 수 있다는 불안감은 감독·선수를 팀 성적을 위한 노력보다 뇌물 수수 등 자신의 사욕을 위한 행동을 하도록 만들 수 있다는 문제점도 있다.

정치계가 스포츠를 자신들을 위한 도구로 이용한 경우는 셀 수 없이 많다. 우선 사회 통합이라는 목적을 달성하기 위해 스포츠 부문에 정부가 개입하는 경우가 있다. 프랑스에서는 젊은이들의 도덕적 재교육의 수단으로 스포츠를 활용하고, 중국에서도 스포츠를 통해 집단적 명예 의식, 통합의 미덕 등의 정신을 함양시키려 하고 있다. 스포츠 활동을 통해 경기규칙을 따르게 하는 것을 내재화하여 더 큰 개념, 즉 사회의 법률, 규칙도 자연스럽게 따르게 한다는 논지이다.

국가 정체성을 위해 스포츠를 이용하는 경우도 있다. 과거 소련은 광범위한 인종 집단을 스포츠를 통해 '소비에트 유니언(Soviet Union)'이라는 정체성으로 통합하려 했고, 캐나다 또한 프랑스어를 사용하는 지역과 영어를 사용하는 지역을 아우르는 국가적 정체성을 통일하기 위해 스포츠에 대규모 투자를 했다. 이탈리아의 독재자 무솔리니는 축구를 파시즘 이념을 국가 정체성으로 삼기 위한 도구로 사용했고, 나치의 히틀러 또한 1936년 베를린 올림픽을 개최하며 독일 국민이 나치즘이라는 국가 정체성을 갖도록 했다.

사회 통합, 국가 정체성 확립 이후에는 국가적 통합과 민족주의, 즉 내셔널리즘을 증진하는 수단으로도 스포츠가 곧잘 이용되었다. 국가

대항전에서의 승리는 곧 국가적 단합과 우월성을 상징했고, 이는 국민의 열정을 스포츠에 쏟도록 유도하였다. 특히 올림픽, 월드컵 등의 메가 스포츠 이벤트의 개최는 국가의 성취에 큰 공헌을 하기도 했고, 이는 곧 국가가 스포츠를 통해 이미지 제고와 경제 발전을 도모하기도 했다. 대한민국은 88 서울 올림픽, 2002 월드컵을 통해 개발도상국 이미지에서 탈피할 수 있었으며 아일랜드 등은 골프, 낚시, 트래킹 등의 스포츠 종목 대회를 개최함으로써 관광산업을 활성화기도 했다.

스포츠는 국민들의 관심을 정치 외적으로 돌리기 위한 도구로도 사용됐다. 전두환 전 대통령이 국민들의 정치적 관심을 분산시키기 위해 시행했던 3S(Sports, Screen, Sex) 정책이 대표적인데, 이때 프로야구, 프로씨름, 프로축구 등이 만들어지기도 했다. 1970년대 후반 아르헨티나 또한 군부가 국민들의 불만을 외부로 돌리기 위해 월드컵을 개최한 사례도 있다.

이렇듯 스포츠는 하나의 큰 국가적 사업이자, 정책으로서 발전해왔다. 정치가 스포츠에 큰 영향을 끼치는 이유는 정부, 정당의 정책이 스포츠 산업에 막대한 영향을 끼치기 때문이다. 월드컵, 올림픽을 비롯한 각종 대회는 정부의 지원 없이 스포츠협회만의 능력으로는 개최할 수 없다. 대회 개최뿐만이 아니다. 선수들의 훈련장, 경기장 건설, 시민구단과 도민 구단의 운영, 학원스포츠에서 유아스포츠, 프로 스포츠에서 아마추어, 그리고 생활 체육까지. 국내에서 정부의 지원 없이 자생할 수 있는 스포츠협회는 사실상 전무하다고 보아야 할 것이다. 이 때문에 정부의 지원을 조금이라도 더 얻기 위해 협회에서는 정부에 연줄이 있는 인사를 요직으로 앉히고, 이로 인해 협회가 정치계와 결부될 수밖에 없는 상황이 발생하기도 한다.

　범국가적 단체이고 경제적으로도 힘이 있는 FIFA, IOC의 경우 표면적으로는 정치계로부터 비교적 자유로워 보인다. 각 협회는 산하의 기구가 해당 국가의 정치권으로부터 압력을 받지 않도록 노력하고 있다. FIFA의 경우 Code of Ethics 14조(Duty of Neutrality)에서 각국 축구협회가 정치적 중립을 유지하도록 강제하고 있다. 실제 2015년, 쿠웨이트에서 정부가 축구협회에 행정 개입이 가능하도록 법을 제정하자 FIFA는 쿠웨이트 축구대표팀에 자격정지 징계를 내려 FIFA, AFC(아시아축구연맹)가 주관하는 대회에 참가하지 못하도록 했다. 하지만 FIFA와 IOC도 정치적 스캔들에서 완전히 자유롭지는 못하다. IOC의 경우 80년도 모스크바 올림픽에는 자유주의 진영 국가가, 84년도 LA 올림픽에는 사회주의 진영 국가가 정치적 이유로 참여하지 않아 반쪽짜리 대회를 치른 경험이 있다. FIFA도 최근 카타르 월드컵 개최지 확정에는 오일 머니가, 월드컵 참가국 확대 정책 결정에는 중국이 결정적인 영향을 끼쳤다는 루머 때문에 계속 홍역을 치르고 있다.

　스포츠는 과연 정치로부터 자유로울 수 있을까? 개인적으로는 절대 불가능하다고 생각한다. 정치가 없다면 스포츠는 성장할 수 없다. 그렇다면 그 정치로부터 중립을 지킬 수 있을까? 중립이라는 것은 상대적인 개념이다. 중립으로 간주되는 사회적 범위가 있을 순 있겠지만 이것 또한 완벽히 지키기는 힘들 것이다.

결국 정치가 스포츠와 결부되는 것은 피할 수 없다. 우리가 해야 하는 것은 스포츠가 정치로부터 완전한 독립하기를 바라는 것이 아닌, 정치가 스포츠정신을 훼손하는 것을 방지하는 것이다. 정치가 개입되는 상황에서 스포츠 정신을 유지하기 위해서는 정당 정치의 개입으로 인한 협회, 구단 수뇌부의 부패를 방지하는 것이 가장 중요하다.

앞서 언급했던 K리그 대전 시티즌의 경우 구단 대표이사에게 선수 선발 청탁이 들어오는 경우라도 입단 테스트라는 과정을 거쳤고, 결과적으로 참가자 전원이 테스트를 통과하지 못함으로써 선수 선발 과정의 공정성을 잃지 않았다. 이는 대전 내에 있는 선수들에게도, 앞으로 대전으로 입단하고 싶어하는 선수들에게도, 대전을 응원하고 있는 팬들에게도 뛰는 이유, 테스트를 준비하는 이유, 그리고 응원하는 이유가 충분히 될 수 있다.

스포츠 정신을 져버려 신뢰를 잃은 수뇌부는 내부 인원들뿐만이 아니라 팬들까지 실망시킨다. 협회, 구단 내부 인원들이 일하는 데 의욕을 잃고, 실망한 팬들이 등을 돌린다면 해당 스포츠 종목은 더 이상 존속할 수 없다. 그러한 일이 벌어지지 않도록, 협회와 구단의 내부적인 자정과 외부의 감사 모니터링이 함께 병행되어야 한다.

또한 스포츠와 정치의 결부가 무조건 부정적인 결과를 도출해내는 것이 아닌, 긍정적 역할을 할 수도 있다는 사실을 인지해야 한다. 바로 억압받는 자들이 스포츠를 통해 정치적 메시지를 보내거나 사람들의 인식을 바꾸는 사례들이다.

1968년 멕시코시티 올림픽 200m 육상에서 금메달을 딴 토미 스미스 선수와 동메달을 딴 존 카를로스 선수는 시상식에서 신발을 신지 않은 채 검은 양말을 신고, 검은 스카프를 목에 두르고 검은 장갑을 낀 채 미국 국기가 게양될 때 주먹을 하늘 위로 치켜들었다. 당시 흑인들을 차별하는 미국 사회에 대한 반항이었다. 미국 프로야구선수였던 재키 로빈슨 선수는 미국 메이저리그(MLB)의 첫 흑인 선수로서 처음에는 팬들과 동료들에게 야유와 핍박을 받았지만, 좋은 성적을 거두고 흑인 선수에 대한 편견을 지워내며 다른 흑인 선수들이 리그에 참여할 수 있는 길을 열어주었다. 글 서두에 들었던 NFL의 무릎을 꿇는 시위도 또 다른 좋은 사례다.

이 사례들의 공통점은 정당 정치가 아닌, 보편적 인권을 위하는 내용을 담고 있었다는 점이다. 세 사례 모두 보편적 인권인 '인종차별 철폐'를 위한 활동일 뿐 특정 집단의 이익을 위한 활동이 아니었다. 스포츠 내에서 특정 정당, 특정 배경, 특정 인물을 위한 정책과 활동을 내세우는 것이 아닌, 보편적 인권을 내세우는 것은 스포츠 정신에 부합하는 긍정적 결과를 만들어낼 수 있다.

스포츠의 여러 역할 중 하나는 사회를 하나로 묶어주는 역할이다. 따라서 스포츠 내에서의 보편적 인권을 위한 정치적 행동은 스포츠의 순기능이 제대로 수행되도록 하는 하나의 방법이기도 하다.

스포츠 베팅(Betting),
국민들의 즐길
권리일까, 도박일까?

"한국, 콜롬비아전 도박사승률 26%", "도박사들 '한일전, 박빙 속 일본 우세'", "도박사들은 한국의 월드컵 성적을 어떻게 예상할까", "월드컵 D-50… 해외도박사들 '한국 16강 불투명'", "UFC 재기전 최두호, 도박사승률 61% 예상 이유는?"

종목을 불문하고 스포츠 경기, 대회가 시작되기 전 승부를 예측하는 기사들이 많이 나온다. 기자가 스스로 양 팀(혹은 선수)을 분석하고 승부를 예측하는 경우도 있으나 도박사, 베팅업체의 배당금 비율을 인용해 승부를 예측하는 기사의 수가 월등히 많다. 이는 베팅 배당률이 낮으면 낮을수록 그 팀(혹은 선수)의 승리할 확률이 높고, 베팅 배당률이 높으면 그 팀의 승리할 확률이 낮다는 점을 착안한 분석이다.

예를 들어, 비윈 등 16개의 유럽 베팅업체가 공개한 2018년 러시아 월드컵 조별예선 대한민국 국가대표팀 경기의 평균 배당률은 다음과 같다. vs 스웨덴(스웨덴 승 2.21배, 무승부 3.21배, 한국 승 3.49배), vs 멕시코(멕시코 승 1.96배, 무승부 3.35배, 한국 승 4.12배), vs 독일(독일 승 1.29배, 무승부 5.32배, 한국 승 11.67배). 여기서 숫자의 의미는 승패를 맞췄을 시, 자신이 베팅한 돈의 해당 배수의 돈을 회수할 수 있다는 의미이다. 예를 들어 한국 대 독일 경기에 한국 승에 만 원을 베팅하고, 실제로 한국이 이겼을 경우 116,700원을 받을 수 있다. 다시 말해 배당률 숫자가 높을수록 이길 확률이 낮다는 의미다.

　스포츠 베팅에서의 베팅(Betting)은 내기, 도박의 의미로 쓰인다. 내기는 금품 등을 걸고 일정한 규정에 따라 승부를 겨뤄 이긴 사람이 걸린 금품을 차지하는 것을 의미한다. 도박 또한 금품을 걸고 승부를 다투는 일을 말하는 것으로 일반적으로 내기와 도박은 같은 의미를 지닌 것으로 볼 수 있다. 하지만 내기의 경우 명절 친척들이 모여 화투를 치거나 학생들이 친구들과 떡볶이 내기 게임을 하는 것 같이 오락, 놀이로 받아들이는 경우가 많은 반면 도박의 경우는 거액의 돈이 오가고, 조직적 행위가 개입되며 처벌의 대상이 되는 범죄로 받아들이는 경우가 많다.

　Betting이라는 단어 또한 내기와 도박이라는 두 의미로 번역이 되지만 스포츠 베팅이 현재 국내에서 합법적으로 다뤄지고 있고, 오락, 레저의 성격을 띠고 있는 만큼 도박보다는 내기에 가까운 의미로 쓰이고 있다. 도박은 Gambling이라는 용어로 주로 표현된다. 도박, 내기를 하는 이유는 기본적으로 그 유흥성에 있다. 예측할 수 없는 결과에 대해 보상이 주어지고 그 보상이 내 것이 될지도 모른다는 기대심과 그 과정에서 느껴지는 스릴은 인간의 내재적인 사행성에 대한 본능으로도 볼 수 있다.

실제 고대 이집트, 로마에서도 도박의 기록이 있으며 성서에서도 제 비뽑기를 했다는 기록이 있고 아시아에서는 고대 인도에서 도박에 쓰이는 주사위를 만들었다고 한다. 더 나아가 도박, 내기의 결과는 우연성에 기반한 경우가 대부분이기 때문에 본인이 특별한 능력, 기술을 갖추지 않아도 참여할 수 있고 보상 가능성 또한 다른 능력이 있는 자들과도 큰 차이가 없기에 더 많은 매력을 느낀다.

현재 대한민국에서 스포츠 베팅은 합법적 오락으로 간주되고 있다. 경마(말 경주), 경륜(자전거 경주), 경정(보트 경주), 체육진흥투표권(스포츠 토토, 프로토), 소싸움 등은 국내에서 합법적으로 즐길 수 있는 스포츠 베팅이다. 이들은 베팅 한도를 10만원으로 한정 지으며 레저로, 놀이로 게임을 즐길 수 있게 한다. 스포츠 베팅은 다음과 같은 특징이 있다.

첫 번째로는 게임에 직접 참여할 수는 없다는 점이다. 일반적으로 본인이 직접 카드를 제시하거나 기계를 작동시키는 포커카드게임, 파친코 등과는 달리 스포츠 베팅은 '선수', 즉 타인이 하는 경기에 베팅을 하고 자신은 해당 게임에 참여할 수 없다.

두 번째로는 분석, 예측 가능성이다. 대부분의 도박은 우연성에만 기반한다. 로또 복권 당첨에 본인의 지식이나 분석력 등을 활용할 수는 없고, 주사위 눈금이 어떤 것이 나올지 예측하는 것은 불가능에 가깝다. 하지만 스포츠 베팅은 다르다. 해당 경기의 선수, 팀을 분석하고 상대방과의 전적, 전략적 차이 등을 기반으로 그 결과를 분석, 예측할 수 있다.

세 번째로는 정부의 개입이다. 스포츠 베팅은 정부가 해당 사행산업을 관리하며 금액적 한도를 제시하고, 수익금은 사회에 환원시킨다.

사행산업통합감독위원회에 따르면 2018년 1월 현재, 경마, 경륜, 경정, 소싸움 경기에서는 매출의 16%를 세금으로 납부한다(레저세 10%, 지방교육세 4%, 농어촌특별세 2%). 세금을 제외한 수익금도 사실상 공공의 이익을 위해 사용하는 경우가 대부분이다.

경마의 경우 수익금의 70%, 소싸움의 경우 수익금의 60%를 축산발전기금으로 사용한다. 체육진흥투표권(토토, 프로토)의 경우 수익금 100%가 국민체육진흥기금으로 사용되는데 이는 생활체육 활성화, 엘리트체육 선수 및 코치 양성, 여러 종목 협회와 단체 지원 등에 사용된다. 경륜, 경정 또한 수익 전부를 사회에 환원한다. 여기서 얻는 수익은 체육진흥기금(40%), 문화예술진흥기금(24.5%), 청소년육성기금(19.5%), 지방재정지원(10%), 중소기업창업 및 진흥기금(4%), 공익사업지원(2%) 등에 사용된다.

2016년 경마산업의 총매출액이 7조7천억원, 체육진흥 투표권이 4조 4천억원 등 상기 언급된 사업 총매출액 합은 15조원이 넘는다. 이를 통해 정부가 얻은 세금만 2조원 가량이며, 기금의 합도 1조 4천억이 넘는다는 점을 생각한다면, 이들이 정부 세수 확보 및 공공재원 확보에 얼마나 큰 기여를 하는지 알 수 있다.

그렇다면 스포츠 베팅은 왜 사회적 논란이 되는 걸까? 국내 합법적 스포츠 베팅은 그 자체로 정책적, 행정적 문제점을 지니고 있을 뿐만 아니라 불법적 베팅, 도박으로까지 이어질 가능성이 농후하다는 문제점 또한 지니고 있기 때문이다.

우선 스포츠 베팅은 사행행위의 일종이라는 점이 가장 큰 문제다. 정부 차원에서 도박을 운영하는 것은 그들이 불법 도박을 금지하는 것에 대한 정당성을 저해한다. 법적으로는 사행행위를 '다수인으로부터 재물 또는 재산상의 이익을 모아 우연적 방법에 의하여 득실을 결정하여 재산상의 이익 또는 손실을 주는 행위'라고 규정하고 있다.

위에 언급된 스포츠 베팅 사업들은 매출의 60~70%를 환급금으로 지출하고 있다. 그렇기 때문에 현재 스포츠 베팅의 모습은 법률이 규정한 시행행위 개념 그대로이다. 베팅에 참여하는 불특정 다수에게 재물(베팅액)을 모아 경기의 결과라는 우연적 방법을 통해 승리자에게 금전을 배부, 패배자에게는 손실을 주는데 이는 스포츠 베팅이 국가가 운영하는 도박이라는 것을 인정하는 모습과 다르지 않다.

더 나아가 국민체육진흥법을 통해 체육진흥투표권의 발행 사업이 사행행위 규제에 적용되지 않게 함으로써 국가 차원에서 도박 예외조항으로 정부 운영의 도박만 허락해 형평성에 어긋난다는 비판에 직면했다. 즉, 아무리 베팅 금액에 제한을 가하고, 수익금을 공익을 위해 쓰고, 도박중독치료 프로그램을 제공한다 하더라도 그 모든 원인이 되는 도박 자체를 서비스한다는 점 자체가 문제시되고, 그러한 상황에서 정작 다른 도박은 국가적으로 금지한다는 것은 이치에 맞지 않는다는 주장이다.

　스포츠 베팅은 그 표의 판매에도 문제점을 가지고 있다. 일반적으로 국내 합법 스포츠 베팅은 인당, 그리고 회당 최대 베팅 금액을 10만원으로 제한하고 있다. 하지만 이 또한 구매자가 마음만 먹는다면 여러 편법을 통해 제한금액 이상의 베팅을 할 수 있다. 바로 대리구매 사이트를 이용하는 경우나, 무인 발매기를 여러 번 반복하여 사용하거나, 판매점 점주가 묵인한다면 한 개인에게 여러 장의 베팅지를 발행할 수 있다는 점을 이용한 경우다. 특히 점주 입장에서는 여러 장의 베팅지를 요청하는 단골들의 요구를 무시하기 힘들고, 또 그렇게 여러 장의 베팅지 판매를 통해 수수료를 더 많이 챙길 수 있으므로 불법행위임에도 여러 장의 배팅지 발급을 감수한다는 논지이다.
　한 언론사와의 인터뷰에 응한 도박중독치유센터의 회원은 6년간 단 한 번도 불법 베팅 사이트를 이용하지도 않고 10억원에 가까운 돈을 베팅하기도 했으며 도박을 끊기 전 마지막으로 한 베팅으로는 한 가게에서만 3천만원의 돈을 베팅한 적이 있다고 밝혔다.
　또한 합법적 테두리라 하더라도 베팅은 중독의 위험성을 내포하고

2부_ 인권이 승리를 만든다
123

있다. 이러한 상황에서 우후죽순으로 생겨나고 있는 불법 베팅업체들의 등장은 더 큰 문제가 되고 있다. 비록 합법적인 베팅이 가능하나, 그 행정적 절차의 불편함과 금전적 제한 등으로 인해 더욱 간편하고 피드백이 빠르며 금전적 제한도 없는 불법 베팅업체들의 유혹에 빠지기 쉽다는 것이다. 합법적 테두리에서 시작한 베팅이 중독성을 띠고, 더욱더 큰 자극을 찾을 때 불법 베팅 사이트의 유혹은 더 크게 느껴질 수밖에 없다.

게다가 합법적 베팅이 불가능한 중고등학생들은 가입 시 나이를 묻지 않는 불법 베팅업체를 통해 스포츠 베팅을 즐기고 있다. 2016년 중앙 시사매거진에 따르면 도박중독 문제를 갖고 있는 중고등학생들의 수가 문제군 3만 명, 위험군 12만 명으로 총 15만 명에 육박하는 것으로 조사됐다. 더 이상 내기, 도박의 문제가 성인들만의 문제가 아닌 학생들의 문제로까지 번지고 있는 실정이다.

금전적, 제도적 제한이 없는 불법 베팅업체는 사람들이 도박에 쉽게 중독되도록 만든다. 도박은 사회 전반에 한탕주의를 만연하게 함으로써 사회 구성원들의 노동의욕 상실시킨다. 이뿐만 아니라 도박을 하는 당사자 본인의 재산 탕진과 그로 인한 가족 해체도 야기시키며 금전 부족으로 인한 범법 행위도 유발한다. 최근 베팅에서 비롯된 프로 선수들의 승부조작까지 있었다.

더 나아가 이러한 불법 베팅업체의 경우, 베팅 금액을 입금받은 후 결과와 상관없이 사이트를 폐쇄, 입금된 금액을 가지고 사라지는 경우도 부지기수다. 불법 베팅업체에 입금하는 것 자체가 불법인 만큼 이러한 범죄의 피해자들은 신고할 수도 없다. 2016년 사설 경마, 경륜, 스포츠도박 등 불법 베팅업체의 시장 규모는 34조5천억을 넘는 규모를 기록하며 합법 시장 규모의 두 배를 훌쩍 넘기고 있다. 하지만 정작 사행성산업감시위원회의 단속 인원은 14명에 불과해 단속 자체가 제대로 이루어지지 않고 있다.

　현재 많은 문제점을 가지고 있는 국내 합법 스포츠 베팅. 여러 문제점이 있고, 도박이 사회적으로 큰 손실을 일으키는 심각한 문제라면 베팅 자체를 전면적으로 금지해야 하지 않을까? 그러기는 불가능하다. 베팅의 본질은 놀이이기 때문이다. 앞서 언급했듯 베팅이라는 놀이는 우연성, 즉 운을 기반으로 한 놀이다. 가위바위보, 주사위게임, 윷놀이 등과 같은 운을 기반으로 한 놀이와 크게 다를 게 없다. 이러한 놀이에 승리 시 보상을, 패배 시 손실을 부여함으로써 재미와 긴장감을 더했을 뿐이다. 부여하는 보상과 손실의 규모가 문제가 되는 것일 뿐 이러한 형식의 놀이는 언제 어디서든 행해져 왔다.

　국민의 즐길 수 있는 권리는 헌법상 보장된 행복추구권에 포함된다. 베팅 자체를 금지하는 것은 국민들의 즐길 권리, 즉 행복추구권을 침해하는 것과 같다. 그렇기 때문에 베팅이라는 행위 자체를 금지할 수는 없다. 마치 과도한 음주로 인한 각종 사건·사고가 심각한 사회문제이지만 술 자체를 금지하지 않는 것처럼 말이다. 더 나아가 지금까지 그 어느 시대, 어느 국가에서도 성공한 금주령이 없었던 것처럼, 베팅 자체를 금지시킨다고 하여 얼마나 실효성이 있을지 의문이며 오히려 음성적, 불법적 도박 시장의 규모를 늘리는 데에만 일조할 것이다.

무조건적인 통제는 옳지 못하지만, 현 상태 그대로 있는 것 또한 문제가 있다. 이에 정부는 사행성 방지를 위해 여러 정책을 수정, 시행에 옮기고 있다. 사람들이 여러 번 반복해서 구매를 해 왔던 가장 대표적인 장소인 장외발매소를 폐쇄, 축소하고, 온라인 베팅 한도 50% 축소, 온라인 결제 수단 제한 등 온라인 베팅제 관리를 강화할 예정이다. 매출량을 무작정 늘리는 것이 아닌, GDP 기준 적정 비율로 조정하는 매출 총량제 재설계 작업도 시행하며 전자카드제 시행 확대를 통해 무분별한 베팅을 방지할 예정이다. 이러한 일련의 정책들은 국민의 건전한 레저, 오락 향상 및 도박중독 등 사회적 부작용을 최소화하는 것을 목표로 한다.

이 중 전자카드제는 베팅의 부정적인 부분을 바로잡아줄 수 있을 것으로 기대하고 있다. 전자카드제는 본인 인증을 통해 발급받은 전자카드를 통해서만 베팅을 할 수 있도록 하는 제도이다. 본인 인증을 통해야만 한다는 점 때문에 신분 노출이 걱정될 수 있고, 전자카드 발급이 본인을 도박꾼으로 비치게 해 사실상 스포츠 베팅 시장을 경직시킨다며 반대하는 입장도 있다. 그러나 신분 노출 위험은 제도 보완을 통해 해결이 가능하고, 이를 통해 스포츠 베팅에 대한 사회적 인식이 더욱 좋아질 경우 사람들의 자발적 불참을 굳이 걱정할 필요도 없으며 오히려 미성년자 베팅, 한 개인의 반복적인 베팅, 해당 종목 관련자 베팅으로 인한 승부조작 등의 부정 경기 문제를 사전 예방할 수 있어 지지하는 입장 또한 많다.

정부가 발표한 보도자료의 정책이 시행된다면 현재 합법적 범위 내에서의 베팅은 사행성을 덜 띠고, 현존하는 많은 문제들을 줄일 수 있을 것으로 기대된다. 하지만 이는 여전히 합법적 베팅에 그칠 뿐, 엄청난 규모의 불법적, 음성적 베팅을 해결할 순 없다. 도박중독의 경우 사후 치료 프로그램보다는 그 예방이 더 중요하다. 현재 14명에 불과한 단속 인원을 확충시키고, 불법 베팅 사이트 등을 규제하는데 정책적으로도 더 힘을 실어주어야 한다.

스포츠 베팅은 '놀이'와 '도박' 그 중간 지점에 있다. 스포츠 베팅 그 자체는 목적이 아니라 수단에 불과하다. 스포츠 베팅이라는 수단을 가지고 즐거움이라는 목적을 추구하는지, 돈이라는 목적을 추구하는지에 따라 놀이와 도박의 경계가 그어진다. 놀이가 될 가능성이 존재하는 한 일방적으로 베팅을 금지하는 것은 국민의 즐길 수 있는 권리, 행복추구권을 침해하는 일이 된다. 국민의 기본적인 권리를 침해하지 않으면서도 그 놀이가 우리의 행복을 앗아갈 도박으로 변질되지 않도록, 정부 차원의 관리와 우리 스스로 경각심을 갖는 노력이 필요하다.

메가 스포츠 이벤트,
그 뒤에 감춰진 주거권 침해

2018년 겨울 평창올림픽을 개최하면서 대한민국은 세계에서 5번째로 '세계 4대 스포츠 이벤트'인 월드컵, 하계 올림픽, 동계 올림픽, 세계육상선수권대회를 모두 개최하는 국가가 되었다. 대한민국 이전에는 독일, 프랑스, 이탈리아, 일본만이 4개 대회를 개최하였다. 특히 이 중에서 1988년 개최된 서울에서 개최한 하계 올림픽과 2002년 한국, 일본이 공동 개최한 월드컵은 우리에게 더욱 남다른 의미를 지닌다.

88 서울 올림픽은 세계 평화의 상징이 되는 올림픽이자, 대한민국이 후진국 이미지에게서 벗어날 수 있게 만든 대회였다. 72년도 서독 뮌헨 올림픽에서는 이스라엘 선수단에 대한 테러가 자행되었고, 76년 캐나다 몬트리올 올림픽에는 인종차별 문제로 아프리카 대륙의 국가들이 불참했다. 80년 소련 모스크바 올림픽에서는 소련의 아프가니스탄 침공에 대한 항의의 뜻으로 미국을 위시한 자유진영 국가들이 불참했으며, 그에 대한 대응으로 84년 미국 LA 올림픽 땐 공산진영 국가들이 불참했다.

1988년 서울 올림픽은 달랐다. 당시 세계올림픽위원회 가입국 169개국 중 159개국이 참가, 이념을 넘어 모든 국가들이 함께하며 진정한 세계인의 축제가 될 수 있었다. 대한민국 입장에서는 6·25 전쟁 이후 후진국, 분단국가, 전쟁의 위험 등으로만 인식되었던 국가 이미지를 쇄신할 수 있었으며, 사상 첫 두 자릿수의 금메달(12개)을 획득하며 4위에 올라 스포츠 강국으로서의 첫발을 내딛기도 한 대회였다.

02년 한일 월드컵은 세계에 대한민국을 알리는 결정적인 기회였다. 대한민국은 88년 서울 올림픽 개최를 통해 후진국 이미지를 벗을 수 있었으나 아직 세계에 잘 알려지지 않은 변방국가였다. 대회 이름이 2002 Korea-Japan 월드컵이 아닌 Japan-Korea 월드컵이었으면 일본의 코리아라는 도시에서 개최된 것으로 알았을 거라는 우스갯소리도 있었을 정도였다. 이 때문에 월드컵 결승전까지 일본에 넘겨주면서 Korea-Japan이라는 공식명칭을 사수하려 했다는 일화도 있다. 대회 명칭 외에도 국가대표 축구팀이 포르투갈, 이탈리아, 스페인 등 축구 강국들을 꺾으며 4강 신화를 이룩했고, 시청 앞을 가득 채운 붉은 악마 거리 응원, 대회 기간 보여준 여러 IT 기술 등을 통해 다이나믹 코리아, IT강국 코리아의 이미지가 전 세계인들의 뇌리에 박힐 수 있었다.

이러한 국가적 이미지 쇄신을 통해 얻을 수 있는 국가브랜드 상승, 대한민국 기업들의 이미지 상승, 그 외 건설 등을 통한 고용효과 및 경제적 부가 가치 창출 등 다양한 이득을 얻을 수 있는 게 메가 스포츠 이벤트이다. 전 국민이 하나가 되어 국가대표 태극전사들을 응원했던 그 축제 뒤편, 아무도 관심을 갖지 않고 보지 않는 곳에서 눈물을 흘리는 사람들이 있었다. 바로 경기장 건설을 위해, 외국인들에게 보이지 않도록 자신의 거주지에서 쫓겨난 판자촌 주민들이다.

  81년 독일 바덴바덴에서 88년 올림픽 개최지로 서울이 결정된 후 정부는 대대적인 공사에 착수한다. 가장 먼저 당시 국제공항이었던 김포공항(인천공항은 2001년 개항)에서 가까운 서울시 양천구 목동을 시작으로 서울 시내 여러 지역을 대대적으로 개발하기 시작했다.

  공항에서 서울 강동 올림픽촌까지 이어지는 강변도로에서 보이는 판자촌 대부분이 철거당했다. 비행기 항로 아래에 위치해 승객들이 볼 수 있었던 신림, 봉천동의 판자촌들도 철거됐다. 올림픽을 위해 한국에 방문하는 외국 선수, 언론인, 관광객 등이 비행기나 차를 타다가 판자촌을 볼까 걱정했기 때문이었다. 쫓겨난 판자촌 철거민들이 부천에 새로운 터전을 잡았으나 이마저도 얼마 안 가 철거됐다. 성화봉송이 그 주변을 지나가는 데 외관상 좋지 않다는 이유 때문이었다.

  2002년 월드컵 때도 마찬가지였다. 정부는 96년 월드컵 유치가 확정된 후, 88올림픽 때 사용했던 경기장을 수리-증축하여 사용하는 방안을 검토하였으나 기술적인 문제로 결국 상암동에 새로운 경기장을 짓기로 확정했다. 당시 겨울철 철거는 불가능하다는 조례도 있었지만 상암동 철거는 겨울에 이루어졌으며 결국 철거민들은 엄동설한에 쫓겨날 수밖에 없었다.

  판자촌 주민들이 가장 크게 침해당한 권리는 주거권이다. 주거권이
란 '모든 사람들이 적절한 주거를 누릴 수 있는 권리' 혹은 '인간의 존
엄성에 적합한 주택조건을 향유할 수 있는 권리'로 설명할 수 있다. 국
내 헌법은 주거권 그 자체를 명시하고 있지는 않다. 하지만 헌법의 여
러 조문은 주거 관련한 내용이 포함되어 있어 주거권이 반드시 확보되
어야 할 인권이자 가치임을 알려준다.

  주거권은 사회권적, 환경권적, 자유권적 성격을 띤다. 사회권이란 국
민이 인간다운 생활을 영위하는데 필요한 조건의 형성을 국가에 요구
할 수 있는 권리를 말한다. 헌법 제34조가 규정하는 인간다운 생활을
할 권리, 제10조의 국민의 행복추구권 보장, 제11조의 평등권 보장, 그
리고 국가의 사회복지를 통한 사회적 책임의 이행과 국민들의 인간존
엄성 구현이 사회권적 성격을 대표한다.

  환경권이란 쾌적한 환경에서 살 수 있는 권리를 말한다. 단순히 사람
을 주거시설에서 살 수 있도록 하는 것에 그치는 것이 아닌, 그 주거시
설 자체의 환경을 개선하는 데 중점을 두고 있는 권리다. 헌법 제35조
는 쾌적한 환경에서 살 수 있는 권리가 국민에게 있음을 강조하며, 특
히 동조 제3항에서는 "국가는 주택개발정책 등을 통하여 모든 국민이
쾌적한 주거생활을 할 수 있도록 노력하여야 한다"라고 직접 명시하고
있다.

마지막 자유권은 국가와 공권력으로부터 간섭을 받지 않고 자유롭게 행동할 수 있는 권리를 말한다. 헌법은 제14조의 거주, 이전의 자유와 제16조 주거의 자유를 규정하고 있다. 자유권의 경우 주거권 그 자체보다 주거권이 침해됐을 때의 보상 관련 문제에 적용된다. 상기 명시한 사회권이 재산권 침해에 대한 보상의 의무를 당연시하지 않아 그 범위에 대한 논란이 생길 수 있고, 침해 주체가 국가나 공권력이 아닌 민간 기업의 경우에는 사회권을 요구하기 힘들기 때문이다.

국제사회도 사람들의 주거권 보장을 위해 많은 노력을 기울이고 있다. 유엔사회권규약의 제11조 제1항에서는 식량, 의복과 더불어 주택에 관한 권리를 국민이 가지고 있음을 국가가 인정해야 한다는 점을 명시하고 있다.

세계인권선언에서도 제25조 제1항에서 주거권을 "모든 사람은 먹을거리, 입을 옷, 주택, 의료, 사회서비스 등을 포함해 가족의 건강과 행복에 적합한 생활 수준을 누릴 권리"로 설명하며 반드시 보장받아야 하는 것으로 규정한다.

1993년 유엔인권위원회 제77호 결의에서는 강제퇴거를 명백한 인권 침해로 인식한다. 해당 위원회에서는 강제퇴거가 인권, 그중에서도 주거권에 대한 침해라는 것을 강조하며 각 정부가 강제퇴거를 막기 위한 조치를 취할 것을 권고하고 있다.

철거민은 본인들이 거주하던 집이 철거되는 과정에서 여러 다른 권리들도 침해받는다. 자신들의 보금자리를 **빼앗**기지 않기 위해 많은 철거민들이 시위를 벌이고, 철거에 대항한다. 이 과정에서 철거를 진행하려는 자와 철거를 막으려는 자 둘 사이에 갈등이 일어나게 되어 많은 사건, 사고가 일어난다.

실제로 갑작스러운 철거에 살림살이가 집에 있음에도 불구하고 그대로 집이 허물려 가산 자체를 전부 잃는 등 재산권의 침해가 있을 수 있다. 농성 중인 철거민들을 쫓아내기 위해 단수, 단전은 기본이다. 그들에게 음식, 물조차 전달할 수 없도록 사람들의 출입 자체를 막아 농성자들을 고립시키는 방법도 쓰였다. 그들이 지내는 방에 벌레를 던지는가 하면, 사람이 있는 상태에서 건물을 조금씩 부수며 건물 안에 있는 사람들이 겁에 질려 나가게 하는 방법도 쓰였다. 판자촌 주민들이 농성 중인 철탑 아래에 폐타이어를 쌓고 불을 질러 결국 주민들이 탈출하기 위해 건물 위에서 뛰어내려야 했던 사례도 있었다.

철거반원(철거를 하려는 사람들)들의 여성철거민에 대한 성폭력도 많았는데 철거반원들이 옷을 벗고 있거나, 언어적 성폭력을 하는 것을 넘어 여성 철거민 아랫도리를 벗겨 연탄재를 뿌리는 일까지 벌어졌다. 협박과 폭력도 비일비재했다.

이러한 철거과정에서 다수의 부상자, 사망자가 속출했다. 86년부터 88년까지 철거과정에서 14명의 사망자가 발생할 정도였다.

이러한 현상은 재개발사업의 주체가 민간업자들이 되며 더 심해졌다. 목동 재개발의 경우 공영개발이라는 명분으로 정부를 사업의 주체로 하여 진행되었다. 이 때문에 이를 반대하는 사람들은 자연스레 반정부성격을 띠게 됐고, 이는 정부에게 부담이 될 수밖에 없었다. 이때 벌어지는 사건·사고에 대한 책임 또한 정부에게 있었다.

그 이후 상계동 재개발 때부터는 민간자본을 유입시키기 시작했다. 이는 사업의 주체를 민간기업으로 전환시켜 재개발을 반대하는 세력들이 반정부 성향을 띠지 않게 하며 동시에 공사에 투입되는 비용을 절감하는 효과가 있었다. 더 나아가 이 민간자본이 진행하는 공사과정에서 일어나는 불미스러운 일들을 정부가 아닌, 민간기업의 책임으로 돌림으로써 정부 입장에서는 책임져야 하는 부분을 많이 줄일 수 있었다.

주거권을 비롯한 수많은 인권이 침해되는 강제철거는 왜 계속 일어나는 걸까? 사실 강제철거라는 어감이 좋지 않고 부정적 느낌을 주기는 하지만 법적으로 따져본다면 강제철거는 합법이며 철거를 반대하며 농성하는 것이 불법이다. 올림픽, 월드컵 때문에 주거지를 잃은 철거민들 대부분은 판자촌 거주자로서 무허가 판자촌에서 살고 있던 하층민들이었다. 정부와 공사를 진행하는 민간업자들 입장에서는 본래 거주할 권리도 없는 사람들 때문에 재개발 공사를 시작하지 못하는 것이었다. 오히려 철거민들에게 적게나마 금전적으로 지원해주거나, 거주권 우선순위배정을 해주는 등 혜택을 주는 그 자체만으로도 충분히 배려

할 만큼 했다는 것이 정부와 건설업자들의 입장이다.

실제 이러한 철거민들의 농성을 입주권을 노린 세입자들의 욕심으로 보는 견해들도 상당히 많다. 단순히 법적으로 보았을 때 철거민들의 농성이 범법행위라는 점뿐만이 이유가 아니다. 어느 쪽이 먼저 시작했든 철거민들이 철거반원, 철거집행 공무원에게 가하는 위협이나 폭행 그 자체도 그들에 대한 인식을 부정적으로 만드는데 기여했다. 또한 여러 이해관계가 얽힌 외부 단체의 개입, 특정 세력 홍보행위로의 둔갑, 전문 시위꾼들의 등장 등에 의해 철거민들의 농성을 좋지 않은 시각으로 보는 경우 또한 많다.

하지만 이 모든 문제는 기본적으로 거주민들에 대한 배려가 부족했던 데서 시작했다. 무허가 판자촌 철거민들에게 극히 미미한 수준의 이주보상금 및 입주권을 주는 것은 결코 그들에게 합당한 보상이 될 수 없다. 오히려 이는 그들이 무허가 판자촌에서 살고 있는 근본적인 이유를 고려하지 않은, 배려라는 탈을 쓴 탄압에 불과하다.

그들이 왜 허가받지 못한 땅에서, 비바람만 간신히 막을 수준의 판잣집에서 살고 있는지는 초등학생들도 알고 있다. 돈이 없기 때문이다. 입주권을 부여하는 것은 마치 그들에게 개발 후 지어진 집에 들어가 살 수 있는 권리를 주는 것 같이 보이지만 실제로는 새로 지어진 집을 분양받을 수 있는 권리에 불과하다. 다시 말해 새로 지어진 아파트값을 더 치러야 한다. 철거민들에게 새로 지어진 아파트값을 치를 수 있는 경제적 여건이 될까? 절대 그렇지 않다.

MBC 특별기획 '이제는 말할 수 있다–재개발의 그늘, 폭력철거'에서는 재개발 후 새 아파트에 입주한 주민의 비율은 10% 미만, 특히 세입자의 경우 1% 미만의 비율을 보였다고 한다. 그렇게 쫓겨난 철거민들은 다른 지역에 판자촌을 형성하고, 그 지역이 재개발되면 주거지를 또다시 잃고 다른 지역으로 쫓겨나며 머지않은 미래에 또 다른 철거를 맞게 되는 악순환만이 있을 뿐이다.

88올림픽을 위해 83년부터 진행된 재개발사업에 72만 명의 시민이 서울을 떠나야 했다. 브라질의 경우 2014년 월드컵 유치가 확정된 후 최소 25만 명이 삶의 터전을 잃었다. 이들을 떠나 보내고 얻은 수익은 거주권을 침해당한 이들이나 스포츠 발전을 위해 쓰이지 않았다. 대신 건설 업체와 재개발 참여 업체, 그리고 부동산 투기꾼들의 배만 불려주었다. 결국 메가 스포츠 이벤트를 위한 판자촌 철거, 재개발은 공공성보다는 수익성에 치중되어 있었다는 분석이다.

우리가 '대~한 민 국'을 외치며 세계인의 축제를 즐길 때, 뒤에서는 헐리는 집을 바라보며 눈물을 흘리던 사람들이 있었다.

스포츠와
섹슈얼리티

대한민국 프로여자농구 스타 출신인 정은순 해설위원은 한 언론과 유니폼에 대한 인터뷰를 진행하던 중 다음과 같은 말을 했다.

> "이제 와서 말하지만 너무 불편했어요. 화장실 한번 다녀오려
> 해도 힘들고, 통풍도 안 돼 땀이 나면 몸싸움하기도 찜찜했어요.
> 가장 힘들었던 건 수치심이죠. 트레이닝복을 벗을 때 모두가 우리
> 몸매만 쳐다보는 것 같은 느낌이랄까?"

지금은 여자 농구선수들도 헐렁한 유니폼을 입지만, 1998년 당시 프로여자농구 리그가 출범할 당시 유니폼이 몸에 달라붙는 타이트한 제품이었던 것을 상기하며 한 말이었다. 1990년대 후반, 남성들에게만 국한되어있던 프로스포츠 리그가 농구를 필두로 여성 스포츠로도 확산되었다. 이때 여성 프로스포츠에서 대중들의 관심을 끌기 위해 택했던 전략 중 하나가 바로 '섹시 코드'였다. 이 전략의 핵심은 다름이 아

닌 유니폼이었고, 타이트한 유니폼 등을 통해 여성 선수들의 몸매가 드러나게 함으로써 대중들의 시선을 사로잡겠다는 전략이었다. 99년도에는 대한배구협회에서 여성 선수들 유니폼에 선수들의 어깨, 엉덩이라인이 드러나는 유니폼을 입어야 한다는 규정을 신설하기도 했다.

당시 선수들의 이러한 유니폼은 대중들의 강한 반발을 샀다. 타이트한 농구 유니폼의 경우 1년여 만에 자취를 감추었고, 배구협회의 규정 또한 선수들의 드센 반발에 철회되었다.

섹슈얼리티(Sexuality)라는 개념은 성행위에 대한 인간의 성적 욕망과 성적 행위, 그리고 이와 관련된 사회제도와 규범들을 뜻한다. 즉 욕망의 차원을 넘어 인간의 성 행동뿐만 아니라 인간이 성에 가지고 있는 태도, 사고, 감정, 가치관, 이해심, 환상, 성의 존재 의미 등 모든 것을 포함하는 개념이다. 이는 우리가 가지고 있는 성적인 욕망과 행위라는 것을 개인적인 접근 등이 아닌, 사회적 관점에서 다가가고, 사회적 맥락과 사회 여러 요소들의 관계간 작용을 통해 구성되는 것으로 보는 관점이다.

스포츠 내에서의 섹슈얼리티라는 개념의 접근 및 적용은 여러 방면으로 가능하다. 그중에서도 '스포츠의 성 상품화'는 우리가 자주, 그리고 쉽게 접할 수 있는 사례이다.

스포츠에서 '성 상품화'는 왜 대두되었을까? 성 상품화는 우리 주변에서 찾아보기 어렵지 않다. 게임에서부터, 광고, 방송 프로, 스포츠를 비롯한 거의 모든 영역에서 말이다. 2016년 '서든어택2'라는 FPS게임은 캐릭터들의 과도한 노출, 자세 등에 의해 성 상품화 논란을 일으켜 출시된 지 얼마 되지 않았음에도 서비스를 종료했다. 광고의 경우 SKT 통신 광고에서 가수 설현이 밧줄에 묶인 것이 선정성 논란이 되며 성 상품화 논란으로도 번진 바 있다. 방송 프로그램도 '아이돌 학교'를 비롯해 '프로듀스 101' 등 여성 아이돌 지망생들이 입는 짧은 치마, 몸매가 드러나는 옷 등으로 인해 선정성 논란과 더불어 성 상품화 논란이 제기됐다. 스포츠의 경우, 글 서두에 제시했던 유니폼 사례뿐만이 아니라 야구장의 치어리더, 복싱이나 이종격투기에서의 라운드 걸 등의 사례, 그리고 비치발리볼 등 노출이 과한 스포츠 등이 성 상품화로 논란이 되고 있다.

이렇게 여러 분야에서, 지속적으로 논란이 되는데도 불구하고 성 상품화가 계속되는 이유는 간단하다. 성적 자극이 사람들의 관심을 더 끌기 때문이다. 비록 논란이 되긴 했으나 SKT의 광고모델인 설현은 몸매가 강조되는 자세를 취한 광고를 통해 본인의 이미지 가치를 크게 끌어올릴 수 있었고, 덕분에 영향력 있는 인물이 되었다. 동시에 이는 SKT의 회사명을 더욱 많은 사람들에게 알리는 계기가 되기도 했다. 설현뿐만이 아니다. 수많은 여성 방송인들 또한 '꿀벅지', '베이글녀' 등의 용어를 통해 이슈화를 노리고 있으며 여러 방송프로그램에서도 이를 이용, 시청자들의 호응을 끌어내려 하고 있다.

스포츠도 마찬가지다. 스포츠에서도 미디어를 이용한 성적 이미지 노출을 통해 대중들에게 조금이라도 더 노출되는 것을 목적으로 한다. 프로스포츠가 활성화되어 있고, 스포츠 정신 그 자체보다는 스포츠를 통한 이익의 추구가 더 당연시 되는 현대 사회에서는 더욱 그렇다. 미디어를 통해 대중들에게 스포츠 상품이 노출되고, 그 노출된 상품이 대중들의 이목을 끌게 된다면 이는 기업들의 광고, 즉 돈을 끌어오게 된다. 사람들의 관심이 모이는 만큼 미디어도 그만한 관심을 더보이게 되며 더 많은 미디어 홍보는 더 많은 사람들을, 그리고 더 많은광고(돈)를 끌어들인다. 이러한 순환이 계속 이루어지며 대중들에게더 큰 관심을 끌고, 더 많은 돈을 버는 것이 프로스포츠산업의 궁극적인 목표이다. 이 목표를 이루기 위해 사용되는 방식 중 하나가 성적 이미지 노출이라는 설명이다.

여성 스포츠는 남성 스포츠에 비해 대중들의 관심을 끌기 쉽지 않다. 바로 '박진감'의 부재 때문이다. 박진감은 경기의 속도, 파워 등에서 비롯된다. 남성 선수들에 비해 여성 선수들의 신체적 조건은 비교적 떨어질 수밖에 없다. 이로 인해 여성 스포츠 경기는 자연스레 남성스포츠 선수들에 비해 박진감이 떨어지게 되고, 비교적 대중의 관심을끌기 힘들다.

이는 실제 관중 수를 놓고 보더라도 쉽게 알 수 있다. 한국 여자 축구 리그인 WK리그에서는 동원 관중 수가 채 100명도 되지 않은 경우가 많다. 2017년 리그 첫 라운드(4경기)에서 도합 3,500여 명을 동원

했으나, 그 이후에는 2천 명을 채 넘기기도 힘들어하며 1,000명대의 라운드 관중을 동원했다. 하지만 남자 축구 리그인 K리그 클래식의 경우 한 라운드마다 2만여 명이 넘는 관중을 동원하고 있고, 35라운드 서울 월드컵경기장에서 열린 FC서울 대 수원 삼성 블루윙즈 단 한 경기에는 2만7천여 명이 방문하기도 하였다. 심지어 2부 리그인 K리그 챌린지의 FC안양은 평균 관중 3천2백여 명에 1만여 명이 넘는 관중 동원도 2경기나 된다.

이는 농구(KBL. WKBL)에서도 마찬가지이며, 해외의 경우도 마찬가지이다. 미국 농구에서도 여자농구(WNBA)의 인기는 남자농구(NBA)리그에 따라가기 힘들다. 여자 축구 리그가 체계적으로 잘 진행되고 있다고 하는 유럽도 남성 축구 리그에 비하면 여자 축구 리그의 인기는 미미한 수준이다. 이러한 모습은 미디어에도 그대로 반영된다. 2008년 베이징 올림픽 중계방송 편성에는 남성 경기의 비중이 여성 경기보다 높았다. 방송되는 여성의 경기 종목 또한 박진감을 위한 경기보다는 여성성이 강조되며 신체 노출이 많은 다이빙, 수중발레, 비치발리볼 등의 경기에 집중되었었다.

선천적, 신체적 차이에 의해 박진감에서는 밀리지만, 여성미를 드러내는 경기에서는 대중들의 관심을 받는다. 이러한 점을 노린 것이 '성상품화'이며, 그 대표적인 예시가 글 서두에 제시한 유니폼이다.

2013년에는 여자배구팀 흥국생명이 짧은 바지 위에 치마를 더한 유니폼을 공개하며 여성성을 더 강조하려 하기도 했다. 흥국생명에 국한되지 않는다. 여러 여자 농구, 배구팀에서는 팀 유니폼의 라인이 더욱 여성성을 드러낼 수 있도록 하는 디자인을 많이 적용하고 있다.

극단적인 경우, 유니폼 자체의 노출도를 높이기도 한다. 미국에는 Legend Football League라 하여 여성 선수들이 진행하는 미식축구 리그가 있다. 일반적인 미식축구와의 차이가 있다면 헬멧과 어깨, 가슴 보호대 외에는 마치 비키니를 입은 듯한 수준의 유니폼을 채택하고 있다는 점이다. 실제 해당 리그는 전통적인 장비와 복장을 착용한 여자 미식축구의 인기를 훨씬 뛰어넘어 미국 현지에서 선풍적인 인기를 끌고 있다.

더 나아가 아름답고, 귀여운 외모를 소유한 특정 선수를 언론을 통해 부각하며 해당 선수들의 팬심을 이용한 마케팅 기법을 사용하는 경우도 있다. 배구 선수 곽유화(전 흥국생명 핑크스파이더스), 축구선수 이민아(고베 아이낙) 등 외모가 출중한 선수들의 경우 경기장 내 선수들의 활약상 외에도 아름다운 외모, 몸매, 과거 사진, 사복 패션 등을 강조한 보도자료가 상당히 많은 것을 볼 수 있다. 이들의 팬덤을 통해 여성 스포츠의 관심을 더욱 끌어올리려 여성 선수들을 마케팅 수단으로 이용하는 상황이다.

여성 이미지의 상품화는 윤리적 문제에 직면한다. 많은 사람들이 성 상품화는 도덕적, 윤리적으로 문제가 있다고 주장한다. 하지만 스포츠에서 이러한 성 상품화가 비판적인 시각을 가지기란 쉽지 않다. 대중들에게 스포츠는 더 이상 단순한 교육을 위한 수단이 아닌, 즐거움, 즉 유희를 위한 수단으로 생각하는 경향이 팽배하기 때문이다. 이 때문에 여기서 벌어지는 성적 담론은 묵인되기 쉽다.

예를 들어 여성 피겨 스케이트 선수들의 몸매가 다 드러나는 복장을 보며 '화려하다', '아름답다', '기능적이다' 등의 단어로 포장함으로써 여성에 대한 섹슈얼리티를 가능토록 한다. 남성들은 피겨 스케이트를 보며 선수들의 기량으로 비롯되는 경기 자체와 여성 선수들의 드러나는 몸매, 신체부위의 응시라고 하는 두 요소를 동시에 즐길 수 있다. 사회에서 비난받는 행위인 신체에 대한 노골적인 시선은 경기력의 감상이라는 포장에 은폐되고, 크게 문제화되지 않는다.

게다가 최근에는 과거에 비해 성적 이미지의 상품화가 사회적으로도 많이 용인되는 분위기이다. 우리 사회가 성적 이미지를 상품화하는데 점점 더 무감각해지고 있는 것이다. 대한민국 사회가 비교적 보수적이었던 99년도에 진행됐던 설문조사에서도 이러한 현상이 두드러진다. 당시 설문조사에서 여성들 또한 이를 '구경거리고 즐긴다'에 39%, '별 느낌이 없다'에 39.4%가 응답했으며 '거부감을 갖는다'는 응답은 겨우 14.3%에 불과했다. 20여 년이 흐르며 더욱 개방적으로 되어가고 있는 지금은 그보다 더 적은 비율의 사람들이 성적 이미지 상품화에 대해 부정적으로 생각할 것이다.

이렇게 여성을 성적 이미지로 상품화하는데 무감각해지는 가장 큰 이유는 다음과 같다.

첫째, 더 이상 우리 사회가 외모의 아름다움이나 성적 매력을 상품화하는 것을 부끄러운 일로 간주하지 않는다는 점이다. 몸에 대한 표현의 자유, 특히 성의 해방과 연결 지어 몸의 중요성을 부각시키는 만큼 이를 상품화하는 것 또한 점점 무감각해지고 있는 것이다.

두 번째로는 여성뿐만이 아니라 남성 역시 성적 대상으로 표현되고, 이미지화되고 있다는 점이다. 최근 성 상품화됐던 여성 아이돌 선발 오디션 방송의 경우, 같은 방송 내용에 성별만을 남성으로 바꾼, 남성 아이돌 선발 오디션 또한 방송이 됐었다. 더 나아가 타 방송에서도 남성 연예인들의 탈의와 복근, 어깨와 팔뚝 등 그들의 몸을 통해 이슈화를 노리고, 이미지화되고 있다. 구단, 협회에서 아름다운 여성 선수를 이용하여 구단, 리그의 흥행을 노리듯 잘생기고 남성미가 넘치는 남성 선수를 이용한 홍보도 존재한다. 따라서 더 이상 '여성'만의 성 상품화를 비판적으로 말하는 것이 크게 힘을 받지 못하고 상황이다.

세 번째로는 설사 성 상품화가 문제라 하더라도 외모와 몸매가 우리의 결혼이나 구직, 대인관계에 있어 성공하는 주요한 열쇠로 작용하고 있다는 현실과 그로 인해 우리는 이에 공모할 수밖에 없다는 점이다. 어차피 실제 생활에서 자기 자신도 그로부터 자유로울 수 없다면 차라리 적극적으로 추구하는 게 더 낫다는 주장이다.

더 나아가 성적 자기결정권이라는 개념의 부상 또한 성 상품화에 대한 거부감을 줄이는데 한몫한다. 여성들의 성적 자기결정권, 즉 생명, 신체의 처분에 대한 결정권을 비롯한 피임 결정권, 더 나아가 낙태에 대한 논의까지 이루어지고 있는 상황에서 성적 관계를 상품화하는 성매매 수준이 아닌, 단순한 이미지를 통한 제품의 생산 및 판매 촉진 정도의 성 상품화는 비교적 사회 통념상 허용 범위 내로 보는 것이다.

현재의 성 상품화 논란은 그 성적 노출의 정도가 사회 통념상 허용 가능 한계선 내인지, 한계선 밖인지에 따라 달라지는 것으로 해석할 수 있다. 그리고 지금, 성 상품화에 대한 사회 통념상의 허용 기준은 점점 완화되어가고 있다. 하지만 이러한 현상이 결코 좋은 현상이라고 보긴 힘들다.

지금까지 신성시, 터부시되던 성(sex)이라는 가치를 드러내는 것 자체는 문제가 아니다. 성적 자기결정권에 대해 목소리를 높이며, 더 이상 성을 부끄러움의 대상이 아닌 당당한 대상으로 인식하는 것은 옳은 방향이다. 하지만 이것을 이용해 돈을 버는 것은 또 다른 문제다.

칸트의 이론을 조금 빌리자면 성 상품화는 '사람'이라는, 그 자체가 '목적'인 대상을 돈을 벌기 위한 '수단'으로 삼는다는 점이 가장 큰 문제다. 사람은 그 자체로 존중받아야 하는 존재이다. 하지만 사람이 돈을 버는 수단이 되는 순간, 사람은 돈을 벌기 위한 하나의 도구로 전락해버린다. 도구는 그 도구를 통해 벌 수 있는 돈에 따라 그 가치가 달라진다.

사람이 돈을 벌기 위한 도구로 비치는 순간 우리는 더 이상 그 사람이 어떠한 성품을 가지고 어떠한 신념을 가졌는가를 알아보는 대신, 얼마나 예쁘고 몸매가 좋은지, 다시 말해 얼마나 상품의 가치가 있는지를 더 먼저 알아보게 된다. 이러한 현상은 또다시 배금주의적 가치관을 사회에 만연하게 함으로써 우리 사회가 더욱 삭막해지고, 경제적 가치로만 움직이도록 할 것이다.

당연히 우리는 삭막한 사회를 맞이하고 싶지 않다. 정부 차원에서 성 상품화를 정책적으로 제한하는 것 또한 이를 방지하기 위함이다. 이러한 사회가 되지 않도록, 우리 또한 평소 큰 거부감 없이 당연하게 받아들이던 이러한 현상에 대해 다시 생각해보고 경각심을 가질 필요가 있다.

스포츠
참여권

〈사례 1〉

2008년도 베이징 올림픽 금메달과 2009년도 월드 베이스볼 클래식(WBC) 준우승 덕에 한창 야구의 인기가 하늘을 찌를 때였다. 이러한 인기와는 달리, 야구를 즐길 수 있는 저변은 충분하지 않았다. 당시 중고등학생들은 야구를 좋아하는 친구들과 팀을 만들고, 인터넷을 통해 다른 지역 팀들과 친선경기를 하는 수준으로밖에 야구를 즐길 수 없었다. 야구를 할 장소도 마땅치 않았고, 운동장에서 야구를 하고 있으면 학교 경비 아저씨에게 쫓겨나기 일쑤였다.

지금은 다르다. 중고등학교 차원에서 야구 클럽을 운영함으로써 학생들은 운동장에서 쫓겨날 걱정 없이, 보호자의 보호 아래 야구를 즐길 수 있다. 더 나아가 타 학교와의 교류전, 지역 리그 등을 통해 더 많은 성취감과 즐거움을 느낄 수 있게 되었다.

〈사례 2〉

근대 올림픽 창시자인 쿠베르탱(Pierre de Coubertin)은 올림픽 창립 당시 여성들의 참여를 차별했다. 쿠베르탱은 "올림픽에서 여성의 역할은 우승자에게 월계관을

씌워주는 일"이라고 했을 정도로 여성들의 참여를 탐탁지 않게 여겼다. 1920년대 때까지 여성들의 올림픽 참여는 비공식적인 번외 경기의 성격을 띠었다. 하지만 지금, 올림픽에서 여성은 당당히 참여하고 있으며, 2012년, 공식적으로 올림픽에서의 양성평등이 마침내 실행되었다.

〈사례 3〉

2012년 런던 올림픽, 의족 스프린터로 유명한 오스카 피스토리우스 선수가 패럴림픽이 아닌 올림픽에 참여했다. 비록 같이 뛰는 다른 선수들과 달리 무릎 아래가 의족이었지만, 결코 두 다리가 성한 선수들에게 밀리지 않는 경기력을 보여주었다. 그는 준결선 레이스까지는 진출했으나 아쉽게 결선 레이스까지 진출하지는 못했다.

스포츠 참여권은 말 그대로 스포츠 그 자체, 혹은 스포츠 행사에 참여할 수 있는 권리를 말한다. 우리나라에서는 아직 생소한 개념이기는 하지만 해외에서는 이미 많이 논의되고, 알려진 개념이다. 최근 우리나라에서도 스포츠 참여권 확보를 위해 많은 법령이 제정되고 실질적인 정책이 시행되기 시작했다. 학교체육진흥법을 필두로 한 학교 체육 프로그램, 여성, 장애인 선수들과 일반인들의 체육활동 참여 독려 프로그램 등이 그것이다.

스포츠 참여권은 헌법상 기본권으로서 참여권으로 받아들여진다. 국가인권위원회에서 기획한 '스포츠, 인권을 만나다'의 저자 정용철 교수는 체육활동 참여권을 하나의 헌법상의 기본권으로 본다. 정 교수는 "학교체육 활동에 대한 권리는 인간의 존엄성을 기반으로 보장되는 헌법의 행복추구권 차원에서 뿐만이 아니라 보편적 복지 활동으로서의 당위성을 갖고 있다"며 헌법에서의 행복추구권과 교육받을 권리를 내세운다.

대한민국 헌법 제10조

모든 국민은 인간으로서 존엄과 가치를 가지며, 행복을 추구할 권리를 가진다.

대한민국 헌법 제31조 제1항

모든 국민은 능력에 따라 균등하게 교육받을 권리를 가진다.

정 교수는 '스포츠 기본권'을 행복추구권의 구체적인 실체로 제시한다. 스포츠 기본권은 헌법에 명문화된 규정은 아니지만, 많은 헌법 학자들은 이미 헌법 제10조의 인간 존엄의 가치와 행복 추구의 권리를 근거로 헌법에서 스포츠 기본권이 보장되어야 한다고 주장하고 있다. 기존 행복추구권에는 자신의 안전과 생명 유지를 위한 생존권으로 한정했었다. 하지만 지속적인 사회 변동에 따라 그 범위가 확대 해석되기 시작했고, 이제는 스스로 인식의 주체로서 몸의 사유와 자유 확대를 위한 유희적 활동, 즉 스포츠 등을 누릴 권리를 포함한다는 논지이다.

이러한 스포츠 참여권은 사회통합이라는 역할을 한다. 사회적으로 인종, 성별, 장애 등으로 인한 차별이 현재 우리 사회에 존재하지만 스포츠를 통해 우리는 서로를 응원하고, 지지하며, 함께하기 때문이다.

외모와 어투가 다르다고 놀림감이 되기 쉬웠던 다문화 가정 출신 학생들이 스포츠를 통해 존중받고, 동시에 그들을 통해 다문화 가정 출신 학생들에 대한 인식도 바뀌는 것이 그 예시이다. 특히 2017년 다문화 학생 수가 11만 명을 돌파하고 그 수가 점점 더 늘고 있음에도 불구, 단일민족이라는 고정관념에 의해 다문화 학생들을 차별하는 경향이 있는 대한민국에서는 이러한 사회적 갈등을 해결하기 위해 스포츠의 역할이 더욱 중요하다. 실제 이민자들이 많은 미국, 독일, 호주 등의 경우 스포츠를 통해 다양한 사회 구성원을 하나로 묶고 있다.

그 대표적인 사례가 다문화가정의 온예카 오비 존 선수다. 서울 신정초등학교에서 축구선수로 활약하고 있는 온예카 오비 존 선수는 나이지리아 출신의 아버지와 한국인 어머니 사이에서 태어났다. 오비 선수는 처음 신정초등학교에 입학했을 때 주변 친구들로부터 '외국인이다, 까맣다'고 놀림을 받았다. 하지만 오비는 축구라는 스포츠를 통해 주변 친구들과 어울리기 시작했고, 축구 명문 신정초등학교에서 선수로 활약하며 주변 친구들의 시선과 반응을 바꾸기 시작했다. 피부색으로 놀림받던 그였지만, 지금은 친구들과 잘 어울리고 동료 선수들에게 신뢰를 받는 선수로 거듭났다.

음주 사실과 약물복용 논란으로 더 이상 한국프로축구리그에서 뛰지 않지만 한때 태극마크를 가슴에 달기도 했던 다문화가정 출신의 강수일 선수도 당시 다문화가정에 대한 편견을 지우는 데 큰 몫을 하기도 했다.

정부도 이러한 스포츠의 기능을 명백히 인식하고 있다. 정부도 다문화 사회로의 변화에 따라 여러 사회적 갈등이 발생할 것으로 예상하였고, 이러한 사회 갈등들을 해결하기 위해 여러 정책을 내놓았는데 그중 하나가 체육활동이다. 국민생활체육회에서는 이러한 일련의 활동으로 '다문화가정 생활체육교실', '다문화가정 어울림 생활체육캠프', '다문화가정 어울림 생활체육축전' 등을 운영하고 있다.

여성과 장애인의 스포츠 참여는 그 양태를 조금 달리한다. 여성이 남성과 함께, 장애인이 비장애인과 함께 같은 운동장에서 같은 조건으로 스포츠에 참여하는 것은 쉽지 않다. 하지만 그들의 스포츠참여 그 자체가 그들의 권리 향상에 도움을 주었거나, 그들의 인권, 권리 향상이라는 모습을 상징적으로 나타내는 기능을 수행했다.

여성의 경우, 남성들만큼의 스포츠 참여 기회가 주어진 지는 얼마 되지 않았다. 세계 최고 스포츠 축제인 올림픽의 경우 여성이 처음 출전한 올림픽이 제2회 올림픽인 1900년 파리 대회였기에 마치 스포츠 내 여성 차별이 없었던 것처럼 보일 수 있다. 하지만 진정한 양성평등이 실제로 실현된 대회는 2012년 런던 올림픽이었던 것을 본다면 여성 권익이 완전히 확보되기까지 얼마나 오랜 시간이 걸렸는지 알 수 있다.

2012년 런던 올림픽은 올림픽 사상 처음으로 모든 종목에서 여성 또한 출전할 수 있는 첫 올림픽이었으며(기존 대회에는 복싱에서 여성 참여를 불허) 여성의 참여를 금지하던 무슬림 국가들인 카타르, 사우디아라비아, 브루나이에서 여성 선수를 보내 참가국 203개국 모두 여성 선수를 출전시킨 첫 대회였다.

양성평등을 성공리에 성사시킨 런던 올림픽과 그 정신을 이어가려는 추후 올림픽 대회 개최 도시들의 이러한 모습은 여성의 권익 향상을 위한 노력의 결과물로 볼 수 있다. 스포츠 분야를 비롯해 정치, 경제, 그리고 사회 전반에 걸친 모든 분야에서 여성권익향상운동의 결과물 중 하나로 스포츠 참여권이 확보됐다는 설명이다. 지금도 여권신장운동을 통해 여성들이 참여할 수 있는 스포츠 프로그램의 수와 종류도 더욱 많아지고, 다양해지고 있다.

U.N.-Division for Social Policy and Development Disability에서의 Disability and Sports라는 글에서는 다음과 같이 장애인들에 대한 스포츠참여의 역할을 강조한다.

"스포츠는 장애인들에 대한 차별을 줄이는 데 도움이 되는데, 그 이유는 공동체가 장애인들을 볼 때 사람 대신 장애를 보는 성향 그 자체를 변화시키기 때문이다. … 스포츠는 장애인이 그들의 잠재력과 사회에 영향을 끼칠 수 있음을 깨닫게 해주며 스포츠를

통해, 장애인들이 사회적 능력과 독립심 등을 기르게 된다. 스포
츠 참여를 통해 장애인들은 신체적으로, 심적으로 더욱 강해지며
이는 추후 새로운 영역으로도 뻗어 나가 자존감 형성과 취업 등
에도 영향을 끼친다."

옳은 말이다. 장애인 올림픽인 패럴림픽(Paralympic)은 올림픽이 끝
난 직후 올림픽 개최지에서 개최되는데 이 대회를 통해 장애인도, 비
장애인도 그들 서로에 대한 인식을 많이 바꾸는 기회가 된다. 휠체어
바퀴를 달리며 육상트랙을 달리는 하반신 장애 육상선수들, 청각에만
의존해 방울을 넣은 공을 상대방 골대에 차 넣어 골을 기록하는 시각
장애 축구선수들, 휠체어 위에서 두려움을 억누르며 상대 휠체어로 달
려가고, 공을 던져 넣는 농구선수들의 활동을 보며 우리들은 벅찬 가
슴을 안고 인간의 존엄함과 그 가치에 대해 인지하며 장애인에 대한 인
식을 바꾸게 된다.

더 나아가 장애인의 스포츠 참여를 통해 '나는 할 수 있다'라는 마음
을 심어주는 것은 꼭 올림픽 등에 참여하는 엘리트 선수에 그치지 않
는다. 학교 교육, 생활체육 등을 통해서도 그러한 마음을 충분히 심어
줄 수 있으며 이러한 활동을 지원하기 위해 정책적으로도 문화관광부
내 장애인체육과의 설립, 대한장애인체육회 설립, 장애인 체육 예산 확
보 등의 지원이 이루어지고 있다.

하지만 현재 대한민국에서 스포츠 참여권이 제대로 주어지고 있다고 하기는 어렵다. 앞서 말한 '스포츠, 인권을 만나다'의 정 교수는 그 이유를 다음과 같이 들었다.

첫째, 초등학교 스포츠강사의 채용 비율이 시도교육청마다 크게 차이가 난다. 지원 중앙부서의 예산 감소와 시도교육청마다 다른 지방비 예산 차이 때문인데 이로 인해 초등학교 학생 체육활동 지도자의 질적 수준이 지역마다 차이가 나고 있다. 2015년 교육부가 발표한 '시도교육청별 초등학교 스포츠강사 채용 현황'에 따르면 대구, 대전, 울산, 충북 등은 학교스포츠클럽 지도자 채용률이 100%인 반면 부산 19.9%, 경기 12.4%, 경북 28%의 채용률을 보였다.

두 번째는 중학교에 관한 내용인데 '창의적 체험활동'에서 의무적으로 진행하고 있는 스포츠클럽 활동을 지도하는 강사 수준 또한 초등학교와 마찬가지로 시도교육청마다 다르다는 점이다. 동아리 활동으로 더 알려져 있는 이 활동은 체육교사/생활체육지도사 자격증 소지자/학교장이 허락하는 자, 이 셋 중 하나만 충족되어도 학생들의 체육활동을 지도할 수 있도록 되어있다. 결국 이 또한 예산과 지원 인력에 따라 전문체육인을 고용할 돈이 없는 학교는 일반 비체육 전공 교사를 스포츠동아리 지도자로 임명하게 된다.

특히 마지막 조건인 '학교장이 허락하는 자'의 경우 체육에 대한 지식이나 경험이 없어도 지도자가 되는 것을 가능하게 하여 그 수준이 차이가 더 커질 수밖에 없게 한다. 2015년 교육부 자료를 보았을 때, 스포츠클럽 활동 지도자 유형으로 일반교사를 채택한 비율이 0%에 육박하는 대구(504명 중 2명)와 제주(164명 중 9명)도 있었으나 인천, 세종, 경기에서는 70프로대가 넘는(인천: 84.9%, 세종 76.7%, 경기 77.6%) 비율을 보이기도 했다.

세 번째로는 학교를 포함한 생활체육 체험프로그램에서 남학생·남성을 위한 프로그램과 여학생·여성 혹은 장애인을 위한 프로그램의 비율이 균등하지 않다는 점이다. 물론 이 요인은 남성이 여성보다 스포츠 프로그램의 참여도 및 흥미도가 월등히 높다는 이유로도 설명이 가능할 수 있다. 하지만 동시에 우리는 왜 남성들의 스포츠 참여도 및 흥미도가 높은지에 대한 생각을 해보아야 한다.

필자 본인은 기존의 여성에 대한 고정관념, 성 역할 등에 의해 여성에게 스포츠는 어울리지 않다는 관념 자체가 현재 우리나라 여성 스포츠 참여율을 낮춰온 것이라 생각한다. 미국의 경우도 1972년 Title IX이라는 여성 스포츠 프로그램 지원 정책이 시행되기 전까지는 여성의 스포츠 참여율이 낮았다. 하지만 Title IX를 통해 여성들을 위한 스포츠 저변이 생기자 수많은 여성이 스포츠 활동에 참여하기 시작했다. 현재 미국은 여성 스포츠 강국으로써 엘리트 스포츠에서도, 생활체육 전반에서도 여성들이 체육활동에 적극적으로 참여하고 있다.

　장애인의 경우도 마찬가지다. 2016년 문화체육관광부의 장애인생활체육 실태 조사에 따르면 12년 10.6%, 13년 12.3%, 14년 14.1%, 15년 15.8%, 16년 17.7%로 장애인 생활체육 실행자 비율은 꾸준히 늘고 있는 것을 볼 수 있다. 하지만 그 목적이 재활운동인 경우가 46.5%에 육박하고 여가를 위한 운동인 경우는 겨우 8.7%에 불과하다는 것을 본다면 우리가 생각하는 레저로서의 스포츠 참여와는 조금 거리가 있는 것을 알 수 있다. 특히 주 운동 장소 또한 경기장, 체육관 등이 아닌 근처 야외 등산로나 산책로, 집이 58%에 육박하는 것을 보았을 때 이들의 활동이 전문적인 '스포츠' 활동과는 더 거리가 있음을 볼 수 있다. 더 나아가 장애인 생활체육 관련 정보 습득 경험에 대한 답변도 '없다'가 70%를 넘어서며 장애인 생활체육을 위한 프로그램이 있다 하더라도 그 홍보가 제대로 되지 않고 있음을 알 수 있다.

　스포츠 참여권이라는 개념이 아직 우리에게 익숙지 않듯, 우리나라는 스포츠 참여권 확보를 위한 정책들과 프로그램들도 이제 막 걸음마를 떼기 시작한 수준이다. 정부의 프로그램 방향 자체는 더욱더 많은 학생, 여성, 장애인이 스포츠 참여권을 행사할 수 있게 하는 데 부합한다고 생각한다. 다만 정책적으로 여러 사람들을 스포츠 프로그램에 참여하는 것에 그치는 것이 아닌, '스포츠 참여권'이라는 개념 그 자체 또한 교육을 해야 한다. 사람들이 본인들의 권리를 알지 못한다면 그 권리를 행사하기 힘들다. 그들이 스스로의 권리를 행사할 수 있도록, 그리고 정부의 정책 방향이 스스로의 권리를 지켜줄 수 있는 방향으로 나아가는지 지켜볼 수 있도록 '스포츠 참여권'이 무엇인지 알려야 할 것이다.

스포츠와
보편적 시청권
(접근권)

2010년 6월, 한창 남아프리카 공화국에서 개최된 월드컵 열기에 한반도 전체가 들썩일 때였다. KBS 오락 프로그램 '남자의 자격'은 월드컵 특집을 진행했다. 프로그램의 연예인들이 남아프리카 공화국 경기장에서 대한민국 대표팀 경기를 직접 관람하고 응원하는 특집이었다. 그러한 특집이었던 만큼 경기 영상 일부 또한 해당 오락 프로그램에 방송될 수밖에 없었다. 하지만 당시 FIFA를 통해 중계권을 단독으로 구매한 SBS는 이러한 KBS의 방송이 규정 위반이라며 이에 대해 책임을 질 것을 요구했다. SBS는 경기 중계권이 없는 MBC, KBS가 뉴스 보도용으로만 2분의 월드컵 영상을 사용할 수 있도록 합의했으므로 예능에서의 월드컵 영상 사용은 불가능하다고 주장했다. 이에 대해 KBS는 합의사항에 '뉴스 외 사용불가'라는 점이 최종 합의서에는 명시되지 않았기 때문에 방송상 아무 문제가 없다고 주장했다.

위 사건에서 문제가 발생한 이유는 당시 월드컵 중계권이 SBS에만 있었기 때문이다. 2010년 월드컵 전까지는 SBS, MBC, KBS 세 방송국이 함께 FIFA에 월드컵 중계권을 구매해 공동으로 방송해왔다. 하지만 2010년 월드컵 때는 SBS가 타 방송사와 합의한 금액보다 더 많은 금액을 FIFA에 제시, 대한민국 단독중계권을 따냈다. 이에 대해 MBC, KBS는 SBS의 이러한 행위가 국민의 '보편적 시청권'이라는 권리를 침해하는 것이라 주장했다.

보편적 접근권이라고도 불리는 보편적 시청권은 월드컵, 올림픽 등 주요 스포츠 이벤트와 같은 전 국민적으로 관심사가 높은 프로그램들을 대다수 국민들이 추가적인 부담 없이 시청할 수 있는 권리를 의미한다. 이 권리는 대한민국 법령상에도 명시되어 있다.

방송법 제2조 제25항

'보편적 시청권'이라 함은 국민적 관심이 매우 큰 체육경기대회 그 밖의 주요 행사 등에 관한 방송을 일반 국민이 시청할 수 있는 권리를 말한다.

이러한 권리가 법에 명시될 정도로 중요한 이유는 무엇일까? 국민들의 볼 권리를 확보하기 위해서이다. 특정 방송국이 메가 스포츠 이벤트 중계권을 독점, 유료서비스로 공급하며 비싼 가격을 책정할 경우 금전적으로 어렵거나, 유료서비스 가입 방법을 모르는 노년층 등은 해당 이벤트들을 관람하기 힘들 수 있기 때문이다.

결국 보편적 시청권의 등장 배경은 스포츠의 상업화, 그리고 미디어화에 있다. 스포츠의 상업화의 핵심은 미디어다. 스포츠산업과 미디어의 관계는 서로 호혜적이다. 스포츠는 미디어를 통해 해당 종목, 대회, 이벤트 및 선수들을 이슈화시키고, 이를 통해 대중들의 관심을 얻는다. 미디어는 스포츠를 통해 콘텐츠 자체를 생산해내며 이를 통해 이익을 얻는다. 특히 미디어 입장에서는 이미 세계적으로 선풍적인 인기를 끌고 있는 메가 이벤트, 즉 월드컵과 올림픽 등은 그들의 콘텐츠 생산과 이익 추구를 위해 반드시 필요한 존재이다.

시청률은 그 논지를 뒷받침하기 가장 좋은 자료다. 일반적으로 여러 분야의 방송 콘텐츠들이 20%대 이상의 시청률을 기록하기란 절대 쉽지 않다. 대한민국 최고의 인기 예능이라는 '무한도전'도 2017년에 들어서는 매번 10% 내외의 시청률을 기록하고 있고, 2017년 12월 한 달 동안 주말드라마 '황금빛 내 인생'을 제외하고는 20%의 시청률을 기록한 방송이 전무할 정도이다. 반면 월드컵의 경우 50%에 육박하는 시청률을 기록한다. 2010년 남아프리카 공화국 월드컵에서는 평균 40%를 훌쩍 넘는 시청률을 기록했고(그리스전 45.9%, 아르헨티나전 47.8%, 나이지리아전 39.5%, 우루과이전 44.3%), 2014년 브라질 월드컵의 첫 경기였던 러시아전에서는 방송 3사 합산 52.5%의 시청률을 기록했다. 더 나아가 글의 서두에서 든 예시처럼 예능, 다큐멘터리 등 타 방송에서도 메가 스포츠 이벤트를 사용할 수 있는 만큼 그 영향력은 더욱 클 수밖에 없다.

이러한 이벤트를 선점하기 위해 방송국들은 지금까지 서로를 견제해 왔다. KBS, MBC, SBS 지상파 3사는 중계권 선점에 의한 금전적 출혈을 줄이고, 중계권 관련 분쟁을 방지하고자 코리아풀(Korea Pool)을 구성, 메가 이벤트 중계권을 공동으로 구매하고자 했다. 하지만 이 또한 한 방송사의 일방적인 합의 파기로 지켜지지 않기 일쑤였다.

다음 표는 지상파 방송 3사의 중계권 갈등 사례다.

시기	방송	내용
1996	아시안컵	KBS가 코리아풀을 깨고 단독으로 방송
1997	98 프랑스 월드컵 아시아 지역 최종예선	MBC가 코리아풀을 깨고 단독으로 방송
1999	브라질 축구 대표팀 초청	KBS가 순차 방송을 무시, 단독으로 중계권 계약해 방송
1999	나이지리아 세계청소년축구대회	SBS가 KBS의 브라질 초청 축구 위반을 이유로 단독중계
2001~2004	미국 프로야구리그(MLB)	• MBC가 2001~2004년 단독계약 • KBS, SBS는 국내 프로야구, 축구, 농구를 독점 계약해 MBC 제한
2005. 8	• 올림픽 아시아 예선 • 월드컵 축구 지역 예선	• IB스포츠가 2008년 올림픽 아시아 예선과 2010년 월드컵 축구지역예선 중계권을 계약하자, 방송 3사는 해외 프로그램 구매에 관한 합의서를 채택했으나 지켜지지 않음

2006. 2	AFC패키지, 미국프로야구리그(MLB), 월드베이스볼클래식(WBC)	• KBS가 IB스포츠로부터 AFC패키 지, 미국프로야구(MLB), 월드베이 스볼클래식(WBC) 등 중계권 구입 • MBC와 SBS가 반발해 3사 균등분배
2006. 3	월드베이스볼클래식(WBC) 준결승전	3사 동시중계
2006. 7~8	올림픽과 월드컵 패키지	• SBS가 2010년 밴쿠버 동계올림픽부 터 2016년 하계올림픽까지 4개 올림 픽 대회의 중계권 계약 • SBS가 2010년 월드컵 독점 계약

　방송사 간 메가 이벤트의 공동 중계는 왜 잘 지켜지지 않을까? 얼핏 보면 코리아풀을 통한 중계권 계약이 돈도 덜 들고, 공평한 중계권의 확보라는 면에서 합리적으로 보인다. 즉, 공리주의적 관점으로 본다면 코리아풀을 통한 중계권 공동 계약 사업이 사회 전체적으로 더욱 나은 방법일 수 있다.

　하지만 방송국 입장에서 본다면 이야기가 조금 다르다. 방송국 입장에서는 메가 스포츠 이벤트의 독점이 욕심날 수밖에 없다. 40%, 50%대 시청률의 방송이라도 3사가 동시에 중계한다면 당연히 각 방송국의 시청률은 떨어지게 된다.

　2010년 월드컵 중계권을 독점한 SBS의 경우 상기 명시한 대로 40%대의 시청률을 홀로 기록했다. 하지만 방송 3사가 동시 중계한 2014년 월드컵의 경우 KBS, MBC로 시청률이 분산돼 3사 합산 총 시청률이 50%가 넘음에도 불구, 러시아전에서는 11.6%, 다른 두 경기에서는 10%도 미치지 못하는 시청률을 기록했다(알제리전 5.1%, 벨기에전 6.2%). 시청률은 광고료에 직접적인 영향을 미치는 만큼 40%의 시청률과 10%의 시청률을 놓고 본다면 중계권료를 다소 더 낸다 하더라도 독점을 하는 것이 더 많은 수익을 낼 수 있다는 것이 방송국들의 셈법이다.

나아가 종합편성채널(이하 종편)의 등장과 IB스포츠를 비롯한 스포츠 중계 에이전시의 등장은 코리아풀이 지켜지기 더 힘들도록 만들었다. 종편, 에이전시가 코리아풀보다 더 높은 중계권료를 제시할 가능성을 간과할 수 없기 때문이다. 실제 2012년 6월, 2014년 브라질 월드컵 아시아 지역 최종예선 경기 중 카타르전과 레바논전을 JTBC가 단독계약, 공중파가 아닌 종편에서 단독중계를 한 사례가 있다.

이러한 중계권을 둘러싼 보편적 시청권은 다음과 같은 논란을 야기했다.

첫 번째는 법률이 제시한 '보편적 시청권' 기준 충족과 관련된 논란이다. 방송통신위원회에 따르면 월드컵, 올림픽은 전체 시청 가구의 90%가, 아시안게임, WBC, 월드컵 지역 예선은 전체 시청 가구의 75%가 볼 수 있어야 한다. 실제 SBS의 월드컵 단독중계의 경우와 JTBC 월드컵 아시아 지역 예선 단독중계의 경우에도 이 수치를 충족시킬 수 있는지 여부가 직접적인 논란이 되었다. 두 사례 모두 결론적으로는 충족시킨다는 결론이 나왔지만, SBS의 경우 일부가, JTBC의 경우 전부가 케이블TV, 위성방송 등 유료 방송을 통해야만 볼 수 있다는 문제점이 있었다.

이에 대해 방송통신위원회에서는 아직 시청률 충족 방식에 유료방송이 해당이 되는지, 유료방송에 가입하지 않은 상태에서도 볼 수 있는 공중파에만 국한되는지에 대한 결정을 명확히 하지 않아 논란이 되고 있다. SBS와 JTBC의 사례 모두 그 사례만 놓고 위원회에서 논의, 개별적으로 결론을 낸 만큼 추후 비슷한 상황이 벌어졌을 때도 똑같은 논란이 제기될 수밖에 없다.

또 따로 돈을 추가적으로 부담해야 하거나 추가적인 절차를 거쳐야 하는 유료 방송은 보편적 방송으로 볼 수 없다는 주장이 지속적으로 주장되고 있으므로 방송통신위원회에서의 명확한 고시가 필요한 시점이다.

두 번째 논란은 보편적 시청권 자체에 대한 찬반 논의다. 공익주의적 관점은 보편적 시청권을 지지한다. 공익주의자들은 방송 주파수 그 자체가 희소한 만큼 방송의 공익적 기능을 강조한다. 방송의 사회적 영향력 등을 놓고 보았을 때 이러한 방송자원이 특정 개인, 단체의 이익만을 위하는 것은 공익에 반한다는 비판이다. 이들은 인기 스포츠 방송을 공공재로 파악하며 유료 TV가 이들을 독점 사용한다고 비판한다. 따라서 이러한 메가 스포츠 이벤트 등은 방송의 보편적 서비스가 보장되어야 하며, 이를 실질적으로 보장하기 위해 보편적 시청권이 무료 공중파, 공영방송 위주로 운영되어야 한다고 주장한다.

　반면 시장주의자들은 보편적 시청권에 따른 규제를 반대한다. 이들은 시장에서 소비자들 개개인이 자율적으로 시청하고자 하는 프로그램을 선택할 수 있어야 한다고 주장한다. 이들은 메가 스포츠 이벤트가 무료 TV, 공중파, 공영방송 중심으로 운영되어 시청자들의 보편적 시청권을 확보하는 것이 오히려 유료 TV, 뉴미디어 등의 사업적 자유를 제약한다며, 이는 방송사 간 공정경쟁을 저해하고, 매체 간 균형발전 또한 저해할 가능성이 높다며 비판한다. 이뿐만 아니라 이러한 거대공중파의 인기 콘텐츠 독점은 중소 방송국의 콘텐츠 개발 의욕을 떨어트려 결론적으로 추후 소비자들이 선택할 수 있는 콘텐츠의 질과 양이 줄어들 수밖에 없다고 주장한다.

　세 번째 논란은 메가 스포츠 이벤트에 대한 보편적 시청권이 오히려 대중들의 시청권을 제약할 수 있다는 점이다. 대중들의 보편적 시청권 확보를 위해 SBS, KBS, MBC 세 공중파가 동시에, 같은 경기를 보여준다면 다른 경기를 보고 싶은 시청자나 아예 스포츠에 관심이 없는, 다른 프로그램을 보고 싶어 하는 시청자들의 시청권을 제약한다는 논지다.

　실제 월드컵의 경우 대한민국 대표팀의 경기가 있는 시간대에는 공중파 3사 모두 같은 경기를 방송한다. 해설진 정도가 차이점인데, 시청자들이 본인이 듣고 싶은 해설진만을 선택할 수 있게 세 방송사 모두 같은 경기를 방송하는 것이 과연 보편적 시청권이라는 권리에 부합하는지는 의문이다. 또한 올림픽의 경우 방송국들이 방송하는 종목들이 인기 종목, 대한민국 선수들이 참여하는 종목 위주로 국한되어 타 국가 경기나 대한민국 선수들이 출전하지 않는 종목들을 보기 힘들다는 점도 있다.

마지막으로 메가 스포츠 이벤트에 대한 보편적 시청권이 스포츠팬들의 시청권만을 확보시켜준다는 문제점인데 경기 그 자체의 방송뿐만이 아니라 메가 스포츠 이벤트의 하이라이트 방송, 이벤트 관련 특집 예능과 다큐멘터리 등 해당 기간 다른 방송, 다른 콘텐츠를 찾아보기 어렵다는 문제점이 존재한다.

이러한 논란들에 대한 해법은 아직 뚜렷하게 제시되지 못했다. 하지만 논란 해결을 위한 논의는 꾸준히 이어지고 있는 만큼 머지않은 미래에 정책적, 법적 해결이 될 수 있을 것이다. 월드컵, 올림픽 등 전 국민이 관심을 가질 만한 메가 스포츠 이벤트는 그 누구도 쉽게 시청할 수 있어야 한다. 이제 더 이상 메가 스포츠 이벤트에 대한 시청은 단순한 서비스제공이 아니다. 이를 서비스제공으로 간주하여 이용 대가를 요구하고, 지불하지 못하면 메가 스포츠 이벤트 시청 자체를 막아버리는 것은 현대 사회에서 더 이상 일어날 수 없고, 일어나서도 안 된다.

보편적 시청권은 해당 서비스를 인권, 복지의 개념으로 확장한 것으로 국민의 하나의 당당한 권리로 인식되어야 한다. 그러한 의미에서의 보편적 시청권은 반드시 확보되어야 하며, 방송법을 통한 법적 규제는 권리 확보를 위한 당연한 처사이다. 단순히 시장 논리로만 해당 논란에 접근하는 것이 아닌, 정부 차원의 복지정책의 일종으로 보편적 시청권이라는 권리에 접근해야 할 것이다.

이 응원가가 아닌데…
야구 응원가와 '인격저작권'

메이저리그, 마이너리그 출신 외국인 야구 선수들은 한국 프로야구에서 가장 인상 깊은 점으로 '팬들의 응원'을 꼽는다. 메이저리그에서는 관중들이 선수들의 플레이를 응원이라기보다는 관람하는 느낌이 강하며 응원을 한다 하더라도 특유의 응원가 없이 간단한 챈트(Chant), 박수, 휘슬, 호응 등이 전부이다.

이에 반해 한국 야구의 경우 선수별, 상황별로 전부 다른 종류의 응원가를 부르고 경기 시작부터 끝까지 모든 관중이 열정적으로 참여하며 선수들의 기운을 북돋는다. 실제로 몇몇 외국인 선수들은 구단이 보여준 팬들의 '응원문화'에 끌려 한국행 비행기에 몸을 싣기도 하였다. 한국 프로야구는 단순히 야구 그 경기 관람 문화를 뛰어넘어 '응원문화'라는 새로운 영역을 개척했다 해도 과언이 아닐 정도다.

2000년대 후반 롯데 자이언츠에서 활동했던 카림 가르시아 선수의 경우 헨델의 '오라토리오 메시아' 중 '할렐루야'에 가르시아 이름을 넣은 곡을 응원가로 사용했는데, 이는 롯데 자이언츠 팬들뿐만이 아니라 야구팬 모두에게 사랑받기도 했다. 실제 가르시아 선수가 롯데 자이언츠에서 퇴단한 후 한화 이글스에 입단했을 때 이글스가 자이언츠 측에 해당 응원가를 계속해서 사용해도 되는지 문의하기도 했을 정도의 인기였다.

하지만 2017년 초, 몇몇 선수들의 응원가가 저작권 관련 위반으로 바뀔 수 있다는 소식이 들려왔다. 팬들은 '지금까지 한국야구위원회(이하 KBO)에서 저작권 관련해 법적으로 문제가 없도록 잘 해결해 왔을 텐데 설마 그런 일이 있겠느냐'며 미심쩍은 반응을 보였지만, 시범경기가 시작되었을 때 그 소식이 사실이었다는 것을 깨달았다. 자신들이 부르던, 익숙했던 응원가 대신 전혀 들어보지도 못했던, 아예 새로운 응원가들이 사용되었기 때문이다.

이러한 변화는 단순한 저작권이 아닌 '저작인격권'이라는 권리에 의해 발생했다. 기존 응원가와 관련해서는 10개 프로야구구단이 KBO의 자회사 KBOP를 통해 응원가에 사용되는 음원의 저작권료를 지불해 오고 있었다. 이 저작권료는 응원가, 치어리더 공연 시 나오는 대중가요 등 경기장에서 사용되는 음원 전부에 대한 비용이었다. 모두 이 자체로 저작권 관련한 문제는 일어나지 않을 것이라 생각했다.

하지만 응원가를 편곡하는 과정에서 예상치 못했던 법적 쟁점이 발생했다. '저작인격권'이었다. 응원가를 만들기 위해 원곡의 가사를 바꾸고, 템포를 조정하고, 박자를 빠르게 하는 작업이 저작인격권을 침해한다는 논란이 제기되었다. 결국 KBOP는 저작인격권에 관해서는 야구협회가 아닌, 프로야구 구단별로 알아서, 자체적으로 해결할 수 있도록 전권을 일임했다. 분명 KBO는 경기장에서 사용되는 모든 음원들에 대한 저작권료를 지불했는데 왜 이런 일이 발생한 걸까? 저작권에 대한 정확한 이해가 부족했기 때문이다.

저작권은 크게 두 가지, '저작재산권'과 '저작인격권'으로 나눠진다. 흔히들 우리가 생각하는 저작권은 전자인 저작재산권이다. 저작재산권은 저작물을 일정한 방식으로 이용하여 경제적인 이익을 얻을 수 있는 권리를 말한다.

저작권자가 그 저작물을 복제할 권리인 '복제권'(저작권법 제16조), 저작물을 공연할 권리인 '공연권'(동법 제17조), 저작물을 공중송신할 권리인 '공중송신권'(동법 제18조), 저작물 원본이나 그 복제물을 전시할 권리인 '전시권'(동법 제19조), 저작물의 원본이나 그 복제물을 배포할 권리인 '배포권'(동법 제20조), 판매용 저작물을 영리를 목적으로 대여할 권리인 '대여권'(동법 제21조), 그리고 그 저작물을 원저작물로 하는 2차적 저작물을 작성하여 이용할 권리인' 2차적 저작물 작성권'(동법 제22조)가 그것이다.

저작인격권은 저작자가 자기의 저작물에 대하여 가지는 인격적인 이익의 보호를 목적으로 하는 권리이다. 저작권법 제 14조 1항에서는 '저작인격권은 저작자 일신에 전속한다'라고 규정하며 그 권리를 성문화하고 있다.

저작인격권에는 그의 저작물(혹은 원저작자의 동의를 얻어 작성된 2차적 저작물 또는 편집저작물 포함)을 공표하거나 공표하지 않을 것을 결정할 권리인 '공표권'(저작권법 제11조), 저작물의 원본이나 그 복제물 또는 저작물의 공표 매체에 그의 실명 또는 이명을 표시할 권리인 '성명 표시권'(동법 제12조), 그 저작물의 내용, 형식 및 제호의 동일성을 유지할 권리인 '동일성유지권'(동법 제13조)이 있다.

저작재산권과 저작인격권의 차이는 '권리 양도'의 가능성 유무다. 저작재산권은 조건의 범위 내에서 권리 자체를 양도 혹은 상속할 수 있게 함으로써 저작권자가 해당 권리를 통해 경제적 이익을 도모할 수 있게 한다. 하지만 저작인격권은 저작재산권이 이전된다 하더라도 원저작자에 귀속되며, 절대 양도되거나 상속되지 않는다. 혹 양도계약 저작자가 저작인격권 양도를 약속하는 계약서를 작성하는 경우가 있다 하더라도 이는 효력이 없다.

결국 KBO 응원가 사태를 보자면 지금까지 지불한 저작권료는 전부 '저작재산권'에 대한 비용이었으며, 각 응원가의 음원의 본 저작자가 본인의 저작인격권이 침해되었다고 주장했기에 일어난 상황이었다.

특히 저작인격권 중 '동일성유지권'이 문제가 됐다. 다시 말해 저작자는 자신이 창작한 결과물이 어떠한 형태로 이용되더라도 그 형식이나 내용이 유지될 수 있도록 하는 권리가 있는데, 프로야구 구단들이 응원가를 만들면서 해당 저작물들을 변형하였기에 문제가 됐다는 분석이다. 예를 들어 본 저작권자가 만든 음악은 애절하고, 느린 발라드곡임에도 불구하고 이 곡을 응원가로 사용하기 위해 편곡과 개사를 통해 빠른 템포와 흥겨운 음으로 바꿨다면 동일성유지권이 침해된 사례로 간주되어 문제가 생길 여지가 다분하다.

 KBO에서 응원가의 저작인격권 문제를 각 구단에 위임했기 때문에 각 구단은 응원가를 사수하기 위해 여러 노력을 진행했다. 개막에 임박해서야 저작인격권 문제가 대두되었던 이유로 개막 전, 각 팀의 마케팅팀과 응원단장들은 이 문제를 해결하기 위해 동분서주할 수밖에 없었다. 대부분 구단은 지금까지 사용해온 응원가를 쓰기 위해 노력했다. 그 결과 일부는 저작권자와 협의하에 현존하는 응원가를 쓸 수 있었다. 원저작권자와 협의를 하지 못한 경우 구단 자체에서 새로 작곡을 하거나, 시간이 많이 흘러 저작권자들의 저작인격권의 기한이 지난 곡들을 편곡해야 했다. 이와 관련된 구단들의 여러 활동 중에서도 한화 이글스의 '클린 응원가' 캠페인은 저작인격권 수호를 위한 캠페인으로써 많은 야구인과 음악 예술인들의 호평을 불러냈다.
 '정정당당한 야구 정신에 맞는 정정당당한 응원가!'를 슬로건으로 내건 캠페인은 다음과 같은 포인트를 전했다.

 "팬 여러분의 오렌지빛 함성으로 야구장을 물들이는 응원가 원작자들의 권리를 존중하고 음악산업과 스포츠산업의 상생 구조를 만들어 나가겠습니다.

　기존 한화이글스 응원가 22곡의 원작자 37명과 저작인격권 협의를 통해 팬 여러분의 귀에 익숙한 응원가들을 최대한 유지하고자 노력했습니다.

　육성 응원, 리프트 응원, 유명 아티스트 콜라보 응원가, 테마송 '던져' 등 '우리'만의 응원문화를 위한 고민과 노력은 앞으로도 계속됩니다."

이 외에도 건강한 응원문화를 만들기 위해 노력하겠다는 것을 공개적으로 밝혔다는 점에서 한화 이글스의 본 캠페인은 저작인격권과 관련해 하나의 큰 전환점이 될 것이라 평가받고 있다.

반면 복잡한 과정과 추가로 들어가는 비용에 의해 기존 응원가를 유지하기 위한 협상 대신, 응원가 전면교체를 단행한 구단도 있었다. 서울 고척 돔 구장을 홈으로 사용하고 있는 '넥센 히어로즈'가 바로 그 팀이다. 넥센은 28개의 곡을 개사한 응원가들을 사용해 왔다. 하지만 원곡 개사에 대한 음원 사용료 지급이 의무화되자, 그 사용료를 지급할 필요가 없는 70년 이상 된 원곡들을 개사해 응원가를 새로 보급했다. 이택근 선수의 응원가를 제외한 모든 응원가가 전면교체 되었고 특히 팬들의 의견 수렴 없이, 구단의 단독적 판단으로 진행됐다는 점에서 많은 팬의 원성을 샀다.

넥센 팬들은 "3억 원도 안 되는 구단 운영비를 줄이기 위해 팬들의 애

환과 재치가 묻어 있는 개사된 응원곡을 사용하지 못하도록 일방적으로 금지한 것은 문제"라고 주장하며 "비용과 절차가 복잡하다는 이유로 아예 음원 로열티 기간이 끝난 민요나, 가요, 성가 등을 개사해 응원가로 다시 부르도록 했다는 것에 더 화가 난다"고 전했다. 심지어 라이벌 LG와 같은 음원을 사용하는 응원가 '승리를 위한 함성'의 경우 LG는 여전히 사용하고 있는데 반해 넥센은 구단 측에 의해 교체된 것으로 알려져 팬들의 빈축을 사기도 했다. 실제 넥센 팬클럽 차원에서는 무관중 운동, 시즌권 환불 등의 대응을 검토하기도 한 것으로 전해졌다. 이에 넥센 히어로즈는 구단 홈페이지에 신규응원가 관련 구단 입장을 설명하는 글을 올렸으나 이미 넥센 팬들의 여론은 악화된 후였다.

팬들은 이 사태를 통해 좋아하던 응원가를 더 이상 사용할 수 없어 아쉬울 수 있다. 선수들도 자신의 응원가를 더 이상 사용하지 못하는 것을 안타깝게 생각하기도 한다. 각 팀의 응원단장들 또한 저작인격권 관련 협의와 더불어 새로운 응원가 제작을 위해 수많은 노력을 기울이느라 고생을 하고 있다.

혹자는 왜 이미 저작재산권을 통해 저작권료가 지불됐는데 귀찮게 이러한 일련의 과정을 더 거쳐야 하는지 의구심을 품고, 불만을 가질 수 있다. 하지만 지금 이 과정은 한화 이글스 클린 응원가 캠페인에서 설명했듯, 지금까지 낮았던 '저작인격권'이라는 권리에 대한 인식을 높이고 음악 저작자의 권리 존중을 통해 건전한 응원문화를 선도하기 위한 첫걸음이라고 생각한다.

'KBO 응원가와 인격저작권'사태는 지금까지 사람들이 생각하지 못하고, 가볍게 넘어갔던 권리를 되찾아가고 그렇게 되찾은 권리를 존중해주는, 비정상의 정상화 과정으로 우리 사회가 더 나은 사회로 발전하는 계기가 되어줄 것이다.

팬들을 기만하고 그들의 권리를 해하는 행위, 승부조작

2017년 7월 13일, 서울 중앙지검 형사 3부의 김호균 부장검사는 이종격투기 UFC 선수 방 모씨에게 1억 원을 주고 고의로 경기를 패배해 달라고 부정 청탁한 혐의로 브로커 김 모씨와 양 모씨 두 명을 구속기소 했다고 밝혔다. 지난 2015년, 서울에서 개최되었던 'UFC 파이트 나이트 서울' 브로커들이 경기에 출전한 방 선수에게 시합 1, 2라운드에서 패배해달라고 청탁한 후 1억 원을 준 혐의이다.

그날 경기에서 방 선수는 경기를 끝까지 마쳤을 뿐만 아니라, 판정승까지 거두면서 승부조작은 미수에 그쳤다. 승부조작이 불발에 그쳤던 가장 큰 이유는 UFC 차원에서 이루어진 대책 덕분이었다. 시합 전 미국 도박사이트에서 방 선수에게 갑자기 큰돈이 몰렸고, 이를 이상하게 여긴 주최 측이 방 선수에게 의혹을 제기하여 방 선수가 해당 유혹을 거절하게 했다는 분석이다. 결국 1억9천만 원이라는 금액을 베팅으로 잃은 두 브로커는 방 선수와 방 선수를 소개한 지인들에게 돈을 내놓

으라고 협박한 혐의도 받고 있다.

최근 승부조작과 관련된 소식이 자주 들리고 있다. '승부조작'이란, 스포츠 경기에서 선수나 관계자가 경기 결과, 과정 등을 미리 정해두고 승패나 점수를 조작하는 '범죄행위'이다. 국민체육진흥법에서는 다음과 같이 규정하고 있다.

국민체육진흥법 제14조의3(선수 등의 금지 행위)

① 전문체육에 해당하는 운동경기의 선수·감독·코치·심판 및 경기단체의 임직원은 운동경기에 관하여 부정한 청탁을 받고 재물이나 재산상의 이익을 받거나 요구 또는 약속하여서는 아니 된다.
② 전문체육에 해당하는 운동경기의 선수·감독·코치·심판 및 경기단체의 임직원은 운동경기에 관하여 부정한 청탁을 받고 제3자에게 재물이나 재산상의 이익을 제공하거나 제공할 것을 요구 또는 약속하여서는 아니 된다.

해당 조문을 어겨 승부조작에 관여하는 선수 혹은 관계자들은 구단 및 협회 차원에서 자체 징계를 받을 뿐만이 아니라, 국민체육진흥법 제48조(벌칙) 1항 및 2항에 의거하여 5년 이하의 징역이나 5천만원 이하의 벌금형에 처해진다.

이종격투기뿐만이 아니다. 국내 프로스포츠의 경우 수많은 종목에서 승부조작이 드러나며 물의를 빚었다. 2017년 한국프로축구팀인 전북 현대는 승부 조작에 연루되었다는 이유로 '2017 아시아축구연맹(AFC) 챔피언스리그' 출전권을 박탈당했다. 2013년, 전북 현대 소속의 스카우터가 K리그 심판들에게 경기당 약 100만원씩 건네주었던 일을 '심판 매수'로 간주하여 징계를 준 것이다. 같은 사건으로 한국프로축구연맹 자체 내에서 승점 9점 삭감, 제재금 1억원이라는 다소 약한 징계를 받았던 것에 비해 무거운 징계였고, 구단은 국제스포츠중재재판소(CAS)에 항소했으나 패소하고 말았다.

2011년에는 실업축구에서 시작하여 K리그까지 승부조작에 가담한 선수들을 색출하였는데 승부조작에 연루된 국가대표 출신이었던 최성국 선수를 비롯하여 수십 명의 선수가 영구 제명을 당했다. 당시 승부조작의 당사자로서 부끄러움을 이기지 못한 선수가 자살을 한 일도 있었다.

2017년 한국 프로야구연맹 또한 승부 조작 관련하여 다시 한번 여론이 들끓게 했다. 인기 구단인 두산 베어스가 2013년 10월, 프로야구 플레이오프 경기를 앞두고 해당 경기를 배정받은 심판에게 300만원을 송금해준 사실이 드러났기 때문이다. 구단은 해당 심판의 요청에 따라 선의로 해당 금액을 송금해주었다고 주장하지만 해당 심판이 배정된 경기 전날에 돈을 송금한 점, 더 나아가 해당 경기에서 결국 두산 베어스가 승리했다는 점을 놓고 본다면 그 순수성은 의심을 받을 수밖에 없었다. 2011년에는 LG 트윈스 소속이었던 김성현 선수와 박현준 선수가 승부 조작을 했다는 사실이 검찰에 밝혀지며 두 선수 모두 형사 처벌과 영구실격 처분을 받은 이력이 있다.

프로배구의 경우도 2012년 승부조작이 밝혀졌고, 당시 승부조작에 관여했던 선수들이 대부분 상무, 즉 군 소속 팀에 속해있었을 때 부정을 저질렀다는 사실이 밝혀졌다. 프로배구협회는 당시 리그가 진행 중이었음에도 불구, 상무팀 잔여 경기를 모두 부전패로 처리하기도 했다. 프로농구 또한 승부조작 파문을 한 차례 겪었는데, 강동희 전 감독은 2011년 2월과 3월 네 차례에 걸쳐 4,700만원을 브로커에게 받고 주전 대신 후보 선수들을 기용하며 승부조작을 한 혐의로 구속되어 징역 10개월 및 추징금 4,000만원이라는 실형을 선고받았고, 한국농구협회 차원에서는 영구 제명을 받았었다.

이러한 승부조작은 스포츠계뿐 아니라 전 사회적으로 큰 파문을 일으키며 수많은 사람들에게 피해를 끼치고, 그들의 권리를 해한다. 함께 땀 흘리며 운동한 동료 선수들과 감독들에게도, 리그 운영을 위해 고심하는 연맹에도, 또 목놓아 그들을 응원하는 팬들에게도 말이다.

승부조작 파문이 일어났을 때 팬들의 상실감은 형언할 수 없을 정도다. 많은 사람들은 선수들이 똑같은 규칙에 따라, 정정당당하게 시합을 한다는 전제하에 프로스포츠를 즐기고 있다. '똑같은 규칙'이 중요한 이유는 동등한 상태에서의 경쟁이 보장되어야만 승자는 축하를, 패자는 위로와 격려를 받을 수 있기 때문이다. 동등한 상황에서의 패배는 선수, 팀들이 훈련을 통해 경기력을 높일 수 있도록, 그들이 노력하도록 만든다. 하지만 승부조작을 통해 심판을 매수한다거나, 선수나 감독, 구단 관계자를 매수한다면 해당 경기 양 팀, 양 선수 간 '동등한 상태'라는 조건이 허물어진다. 동등한 상태에서 벗어나는 순간 해당 경기의 승부는 아무런 의미가 없다.

　팬들이 열심히 응원하던 팀과 선수들의 승부조작 소식을 들었을 때 가장 먼저 느끼는 것은 배신감이다. 승부조작을 한 주체들의 기만은 팬들의 믿음을 저버린 행위이며, 신뢰를 저버리는 일이다. 승리도, 패배도, 그 결과를 얻기 위한 과정까지 모든 순간이 의미가 없어지고, 그 순간들을 통해 생기는 스토리와 감동이 모두 사라지면서 팬들은 자연스럽게 등을 돌리게 된다.

　실제 승부조작 이후 해당 프로리그의 인기가 눈에 띄게 식는 경우가 다수 있었다. e스포츠의 스타크래프트 리그의 경우, 마재윤을 필두로 한 승부조작 스캔들로 인해 수많은 선수들이 피해를 받았다. 그들은 팬들의 의심을 받고, 검찰 조사를 받았으며, 게임 방송사가 사라지고, 게임사인 블리자드 엔터테인먼트의 리그 지원 중단과 프로 게임 구단 축소에 이어 결국 해당 리그가 폐지되는 상황까지 맞았다.

유럽 축구에서도 비슷한 사례를 찾아볼 수 있다. 이탈리아 프로축구 리그인 세리에A(Serie A)는 2000년대 초, 유럽 축구 리그 중 2위에 포진되어 있었다. 리그 소속팀인 유벤투스, AC밀란, 인터밀란 등등은 유럽 내에서도 강호로 그 명성을 떨쳤다. 하지만 2006년 유벤투스를 비롯한 수 개 팀이 승부조작에 관여했다는 사실이 밝혀지며 해당 리그는 인기를 잃고, 동시에 경쟁력도 잃게 되었다. 10여 년이 지난 지금 승부조작 처벌로 강등을 당했던 유벤투스 등은 팀 그 자체만 놓고 본다면 여러 의미로 회복이 되긴 했으나, 리그 자체의 흥미도, 관중, 소셜 미디어 등의 관심 등은 2006년 이후로 지속적인 하락세를 보이며 유럽 축구 리그 순위도 4위까지 떨어졌다.

이처럼 승부조작은 팬들을 등 돌리게 만든다. 팬들이 해당 리그, 해당 팀, 해당 선수들에게서 등을 돌림으로써 피해를 보는 것은 승부조작에 관여했던 선수와 관계자들만이 아니다. 오히려 스포츠정신에 입각하여 열심히 땀을 흘리고, 훈련하고, 최선을 다해 경기에 참여한 선수들과 관계자들이 더 큰 피해를 받는다.

글의 서두에 소개되었던 UFC 사례의 경우, 2015년 서울 대회가 성공적으로 치러진 점에 비추어 또다시 서울 대회가 추진되고 있었다고 한다. 하지만 승부조작 사태가 서울 대회에서 밝혀진 이후 추후 UFC 국내 유치가 불투명해졌다. UFC 국내 유치 실패는 단순히 대한민국 이종격투기 팬들의 실망감으로 끝나지 않는다. UFC라는 무대에 오르

길 고대하며 구슬땀을 흘리는 다른 이종격투기 선수들 역시 그 피해를 고스란히 봐야 한다.

　2015 UFC 서울에서는 7명의 대한민국 선수들과 한국계 혼혈, 한국 출신의 타국 귀화 선수들이 출전하여 한국과 인연이 있는 총 9명의 선수가 UFC 무대에 참여했다. 마케팅 차원에서 한국에서 개최되는 시합인 만큼 한국 선수들을 더욱 많이 출전시켰고, 이는 곧 국내 이종격투기 선수들이 더욱 많은 기회를 얻을 수 있었다는 것을 의미한다. UFC 무대에서 대한민국 국적의 선수가 링 위에 오른 경기의 수가 2016년 한 해 동안 9경기에 불과하다는 것을 고려한다면 그만큼 선수들에게 더 큰 기회가 주어졌다는 사실을 알 수 있다. 하지만 승부조작에 의해 다시 한국에서 UFC 경기가 치러질 가능성이 적어졌고, 그만큼 다른 국내 이종격투기 선수들의 기회 또한 줄어들고 말았다.

　E-스포츠인 스타크래프트의 경우도 정작 매일 열심히 훈련하고 연습한 선수들은 승부조작 파문으로 리그가 해체되어 일자리를 잃게 되었다. 해당 종목의 감독과 구단 관계자들도 마찬가지였다. 세리에A의 경우 리그가 해체되지는 않았지만 리그 경쟁력을 잃었고 그로 인해 중계권을 포함한 여러 부가적인 수입의 감소, 소속 리그 인원들의 자부심 저하 등 여러 동업자에게 피해를 주고 말았다.

승부조작에 의한 피해가 더 무서운 것은 팬의 실망과 선량한 선수들의 피해가 악순환으로 이어진다는 점이다. 실망한 팬이 해당 스포츠에 관심을 갖지 않으면 그만큼 해당 종목의 인기가 떨어지고, 이는 스폰서링 등 금전적 지원이 줄어들게 만든다. 이는 해당 종목의 침체와 더불어 선수와 구단 관계자들의 사기를 저하시킨다. 사기가 저하된 종목의 경기력은 그만큼 더 나빠질 것이고 이로 인해 남아있던 팬마저도 관심을 다른 곳으로 돌리게 된다. 이는 다시 인기 저하로 인해 선수와 구단 관계자들이 자부심을 또다시 잃으며 악순환이 연속되는 것이다.

최근 들어 여러 프로팀에선 승부조작에 대한 경각심을 느끼고자 승부조작에 의해 제명된 선수들을 강사로 초빙, 프로스포츠에서 승부조작을 지양하게 하는 강의를 제공하고 있다.

전 LG 트윈스 소속 투수였던 박현준 투수는 2017 KBO 신인 오리엔테이션에서 본인을 반면교사 삼아 신인 선수들이 나쁜 길로 빠지지 않기를 바라는 강의를 진행했고, 농구팀 원주 동부 감독이었던 강동희 전 감독 또한 본인의 사례를 가지고 강의를 진행하며 KT Wiz 선수들에게 경각심을 심어주었다.

이러한 강연 등의 프로그램을 통해 선수들에게 심어줘야 하는 것 중 가장 중요한 것은 '동업자 정신'과 '책임감'이다. 자신을 믿고 응원하는 팬들에 대한 책임감, 자신의 잘못된 행동 하나 때문에 피해를 입을 동료들을 생각하는 책임감, 자신의 사리사욕 때문에 수많은 사람에게 실망감을 주지 않겠다는 책임감 등 협회와 연맹 차원의 교육과 선수 스스로의 다짐이 필요하다.

2부 '인권이 승리를 만든다'를 정리하며

2부 '인권이 승리를 만든다'의 글 대부분은 '우리 스스로 다짐해야 한다'나 '우리 스스로 경각심을 가져야 한다'로 정리된 것 같다.

너무나도 뻔한 말이지만, 동시에 너무나도 당연한 말이다. 우리 모두의 이야기는 우리가 살고 있고, 우리가 만들어가는 '사회'에 대한 이야기이기 때문이다. 인종차별, 섹슈얼리티, 베팅 등 이러한 사회문제들은 단순히 정책적, 법적으로 다룬다고 하여 쉽게 해결할 수 있는 주제들이 아니다. 우리들의 인식이, 우리들의 생각이, 우리들의 행동이 이러한 사회문제들을 해결할 수 있는 가장 효과적인 방법이다.

그렇다고 정부의 정책이 필요하지 않는가 하면 그건 또 아니다. 정부의 정책이야말로 우리들의 인식, 생각, 행동을 바꿔줄 수 있는 가장 효과적인 방법이기 때문이다. 정책적으로 금지하는 것은 해당 행위가 나쁘다는 것을 우리가 인지할 수 있게 만든다. 우리가 어려서부터 교육을 통해 배우는 사회 관습은 하나의 습관이자 하나의 가치관으로 평생 지니게 된다. 강자에 대항하여 내는 약자들의 목소리를 들어줄 수 있는 것도 정부이고, 그들의 목소리를 반영하여 정책을 만들 수 있는 것도 정부이다.

결국 사회문제를 해결하기 위해서는 시민 스스로의 올바른 인식과 행동이, 정부의 올바른 방향의 정책이 동시에 필요하다. 우리가 걷기 위해 양발 모두를 사용해야 하듯, 시민과 정부가 힘을 합쳐야만 사회문제의 해결이 가능하다.

시민은 정부 정책을 비판적인 시각으로 바라보며 그들이 올바른 정책을 제시할 수 있도록 만들고, 정부는 올바른 정책을 제시하며 시민들이 올바른 시민의식을 가질 수 있는 환경을 조성해야 한다.

처음 글을 쓰기 시작할 때 생각나는 '스포츠 인권' 관련 주제는 몇 없었다. 하지만 글을 쓰기 시작하고, 나 스스로도 관련된 공부를 하며 스포츠계에서도 정말 많은 인권 관련 사례들이 많다는 사실을 깨닫게 되었다. 하나하나 늘어나던 글은 어느덧 18편이나 됐고, 이렇게 한 권의 책으로 엮을 수 있었다.

책의 가장 앞에서 썼듯, 많은 독자가 이 책을 통해 스포츠 내의 인권 이슈들에 관심을 가질 수 있기를 바라며 글을 쓰기 시작했다. 하지만 이 글을 쓰며 가장 많이 느끼고, 공부할 수 있었던 사람은 정작 나 자신이 아니었나 싶다. 이 글을 통해 내가 느꼈던 점들을 독자 여러분도 느낄 수 있었으면 좋겠다.

이 자리를 빌려 여러 감사한 분들께 인사를 드리고 싶다.

가정 먼저 늘 아들을 묵묵히 믿어주시고 지지해주시는 어머니, 아버지(저번 책에서는 아버지, 어머니라고 썼으니), 그리고 내 동생 민혜에게 감사하다(앞으로도 더 좋은 모습 보이도록 열심히 할게요).

이런 글을 쓸 기회를 제공해주신 한국인권재단에도 감사의 마음 전하며, 한국인권재단에서 활동할 수 있도록 소개를 해주신 시카고 Jane Lee-Kwon 선생님께도 감사의 인사를 전한다.

글 주제에 대한 조언을 해주신 경희대학교 체육대학 이정학 교수님, 한창 군 생활로 힘들면서도 내 글에 피드백을 해준 경희대학교 체육학과 15학번 첫 과대 나온이와 역시 시도 때도 없이 내 글을 읽으며 피드백을 해준다고 고생한 덕열이, '신데렐라의 원나잇'의 저자 하연이, 신입생맞이 오티 끝나자마자 갑자기 원고를 받아 어리둥절했을 진현이, 고등학교 때부터 늘 도와주던 민창이, 부대찌개 시켜놓고 아직 얼굴도 못 본 선배보고 얼른 오라고 메시지 보내던 효경이, 올림픽 봉사 활동 하느라 정신없는데도 짬짬이 읽고 피드백해준 은채, 예진이, 한나, 동호, 영빈이, 건우, 세화, 세희, 민지, 준오, 순규, 도빈이, 창현이, 소희, 성원이 형, 마지막으로 책 제목을 지어주신 지훈이 형, 다들 너무 큰 도움을 주셨다(감사합니다).

마지막으로 부족한 글임에도 멋진 책으로 만들어주신 출판사 '밥북' 편집진께도 감사한 마음을 전한다.

부록 1

헌법 조문
(기본권 관련)

대한민국 헌법 제2장(제10조~39조)은 국민들이 보장받을 수 있는 기본적인 권리를 명시하고 있다. 해당 장에서는 우리가 차별받지 않고 모두 동등한 주체로서 대우받을 수 있는 권리인 평등권, 우리의 신체적, 사회적, 경제적 활동의 자유와 출판 등 표현의 자유를 누릴 수 있도록 하는 권리인 자유권, 국가가 사회보장정책, 복지정책 등을 통해 어린이와 여성, 노인 등 사회적 약자들을 지켜주도록 하는 생존권, 국가로부터 기본권을 보장받기 위한 청구권, 선거권을 비롯해 국민들이 주체적으로 국정에 참여할 수 있도록 하는 참정권 등을 규정하고 있다. 동시에 국민들의 기본권 행사가 국가의 안전과, 사회질서 유지, 그리고 공공복리를 침해하지 않도록 기본권 보장의 한계를 제시한다.

대한민국 헌법

┃ 제10조

모든 국민은 인간으로서의 존엄과 가치를 가지며, 행복을 추구할 권리를 가진다. 국가는 개인이 가지는 불가침의 기본적 인권을 확인하고 이를 보장할 의무를 진다.

┃ 제11조

① 모든 국민은 법 앞에 평등하다. 누구든지 성별·종교 또는 사회적 신분에 의하여 정치적·경제적·사회적·문화적 생활의 모든 영역에 있어서 차별을 받지 아니한다.

② 사회적 특수계급의 제도는 인정되지 아니하며, 어떠한 형태로도 이를 창설할 수 없다. 훈장 등의 영전은 이를 받은 자에게만 효력이 있고, 어떠한 특권도 이에 따르지 아니한다.

┃ 제12조

① 모든 국민은 신체의 자유를 가진다. 누구든지 법률에 의하지 아니하고는 체포·구속·압수·수색 또는 심문을 받지 아니하며, 법률과 적법한 절차에 의하지 아니하고는 처벌·보안처분 또는 강제노역을 받지 아니한다.

② 모든 국민은 고문을 받지 아니하며, 형사상 자기에게 불리한 진술을 강요당하지 아니한다.

③ 체포·구속·압수 또는 수색을 할 때에는 적법한 절차에 따라 검사의 신청에 의하여 법관이 발부한 영장을 제시하여야 한다. 다만, 현행범인인 경우와 장기 3년 이상의 형에 해당하는 죄를 범하고 도피 또는 증거인멸의 염려가 있을 때에는 사후에 영장을 청구할 수 있다.

④ 누구든지 체포 또는 구속을 당한 때에는 즉시 변호인의 조력을 받을 권리를 가진다. 다만, 형사피고인이 스스로 변호인을 구할 수 없을 때에는 법률이 정하는 바에 의하여 국가가 변호인을 붙인다.

⑤ 누구든지 체포 또는 구속의 이유와 변호인의 조력을 받을 권리가 있음을 고지받지 아니하고는 체포 또는 구속을 당하지 아니한다. 체포 또는 구속을 당한 자의 가족 등 법률이 정하는 자에게는 그 이유와 일시·장소가 지체없이 통지되어야 한다.

⑥ 누구든지 체포 또는 구속을 당한 때에는 적부의 심사를 법원에 청구할 권리를 가진다.

⑦ 피고인의 자백이 고문·폭행·협박·구속의 부당한 장기화 또는 기망 기타의 방법에 의하여 자의로 진술된 것이 아니라고 인정될 때 또는 정식재판에 있어서 피고인의 자백이 그에게 불리한 유일한 증거일 때에는 이를 유죄의 증거로 삼거나 이를 이유로 처벌할 수 없다.

| 제13조

① 모든 국민은 행위 시의 법률에 의하여 범죄를 구성하지 아니하는 행위로 소추되지 아니하며, 동일한 범죄에 대하여 거듭 처벌받지 아니한다.

② 모든 국민은 소급입법에 의하여 참정권의 제한을 받거나 재산권을 박탈당하지 아니한다.

③ 모든 국민은 자기의 행위가 아닌 친족의 행위로 인하여 불이익한 처우를 받지 아니한다.

| 제14조

모든 국민은 거주·이전의 자유를 가진다.

| 제15조

모든 국민은 직업선택의 자유를 가진다.

| 제16조

모든 국민은 주거의 자유를 침해받지 아니한다. 주거에 대한 압수나 수색을 할 때에는 검사의 신청에 의하여 법관이 발부한 영장을 제시하여야 한다.

| 제17조

모든 국민은 사생활의 비밀과 자유를 침해받지 아니한다.

| 제18조

모든 국민은 통신의 비밀을 침해받지 아니한다.

| 제19조

모든 국민은 양심의 자유를 가진다.

| 제20조

① 모든 국민은 종교의 자유를 가진다.

② 국교는 인정되지 아니하며, 종교와 정치는 분리된다.

| 제21조

① 모든 국민은 언론·출판의 자유와 집회·결사의 자유를 가진다.

② 언론·출판에 대한 허가나 검열과 집회·결사에 대한 허가는 인정되지 아니한다.

③ 통신·방송의 시설기준과 신문의 기능을 보장하기 위하여 필요한 사항은 법률로 정한다.

④ 언론·출판은 타인의 명예나 권리 또는 공중도덕이나 사회윤리를 침해하여서는 아니 된다. 언론·출판이 타인의 명예나 권리를 침해한 때에는 피해자는 이에 대한 피해의 배상을 청구할 수 있다.

| 제22조

① 모든 국민은 학문과 예술의 자유를 가진다.

② 저작자·발명가·과학기술자와 예술가의 권리는 법률로서 보호한다.

| 제23조

① 모든 국민의 재산권은 보장된다. 그 내용과 한계는 법률로 정한다.

② 재산권의 행사는 공공복리에 적합하도록 하여야 한다.

③ 공공필요에 의한 재산권의 수용·사용 또는 제한 및 그에 대한 보상은 법률로써 하되, 정당한 보상을 지급하여야 한다.

| 제24조

모든 국민은 법률이 정하는 바에 의하여 선거권을 가진다.

| 제25조

모든 국민은 법률이 정하는 바에 의하여 공무담임권을 가진다.

| 제26조

① 모든 국민은 법률이 정하는 바에 의하여 국가기관에 문서로 청원할 권리를 가진다. 국가는 청원에 대하여 심사할 의무를 진다.

| 제27조

① 모든 국민은 헌법과 법률이 정한 법관에 의하여 법률에 의한 재판을 받을 권리를 가진다.

② 군인 또는 군무원이 아닌 국민은 대한민국의 영역 안에서는 중대한 군사상 기밀·초병·초소·유독음식물공급·포로·군용물에 관한 죄 중 법률이 정한 경우와 비상계엄이 선포된 경우를 제외하고는 군사법원의 재판을 받지 아니한다.

모든 국민은 신속한 재판을 받을 권리를 가진다. 형사피고인은 상당한 이유가 없는 한 지체 없이 공개재판을 받을 권리를 가진다. 형사피고인은 유죄의 판결이 확정될 때까지는 무죄로 추정된다. 형사피해자는 법률이 정하는 바에 의하여 당해 사건의 재판절차에서 진술할 수 있다.

| 제28조

형사피의자 또는 형사피고인으로서 구금되었던 자가 법률이 정하는 불기소처분을 받거나 무죄판결을 받은 때에는 법률이 정하는 바에 의하여 국가에 정당한 보상을 청구할 수 있다.

| 제29조

① 공무원의 직무상 불법행위로 손해를 받은 국민은 법률이 정하는 바에 의하여 국가 또는 공공단체에 정당한 배상을 청구할 수 있다. 이 경우 공무원 자신의 책임은 면제되지 아니한다.

② 군인·군무원·경찰공무원 기타 법률이 정하는 자가 전투·훈련 등 직무집행과 관련하여 받은 손해에 대하여는 법률이 정하는 보상 외에 국가 또는 공공단체에 공무원의 직무상 불법행위로 인한 배상은 청구할 수 없다.

| 제30조

타인의 범죄행위로 인하여 생명·신체에 대한 피해를 받은 국민은 법률이 정하는 바에 의하여 국가로부터 구조를 받을 수 있다.

| 제31조

① 모든 국민은 능력에 따라 균등하게 교육을 받을 권리를 가진다.

② 모든 국민은 그 보호하는 자녀에게 적어도 초등교육과 법률이 정하는 교육을 받게 할 의무를 진다.

③ 의무교육은 무상으로 한다.

④ 교육의 자주성·전문성·정치적 중립성 및 대학의 자율성은 법률이 정하는 바에 의하여 보장된다.

⑤ 국가는 평생교육을 진흥하여야 한다.

⑥ 학교교육 및 평생교육을 포함한 교육제도와 그 운영, 교육재정 및 교원의 지위에 관한 기본적인 사항은 법률로 정한다.

| 제32조

① 모든 국민은 근로의 권리를 가진다. 국가는 사회적·경제적 방법으로 근로자의 고용의 증진과 적정임금의 보장에 노력하여야 하며, 법률이 정하는 바에 의하여 최저임금제를 시행하여야 한다.

② 모든 국민은 근로의 의무를 진다. 국가는 근로의 의무의 내용과 조건을 민주주의 원칙에 따라 법률로 정한다.

③ 근로조건의 기준은 인간의 존엄성을 보장하도록 법률로 정한다.

④ 여자의 근로는 특별한 보호를 받으며, 고용·임금 및 근로조건에 있어서 부당한 차별을 받지 아니한다.

⑤ 연소자의 근로는 특별한 보호를 받는다.

⑥ 국가유공자·상이군경 및 전몰군경의 유가족은 법률이 정하는 바에 의하여 우선적으로 근로의 기회를 부여받는다.

| 제33조

① 근로자는 근로조건의 향상을 위하여 자주적인 단결권·단체교섭권 및 단체행동권을 가진다.

② 공무원인 근로자는 법률이 정하는 자에 한하여 단결권·단체교섭권 및 단체행동권을 가진다.

③ 법률이 정하는 주요방위산업체에 종사하는 근로자의 단체행동권은 법률이 정하는 바에 의하여 이를 제한하거나 인정하지 아니할 수 있다.

| 제34조

① 모든 국민은 인간다운 생활을 할 권리를 가진다.

② 국가는 사회보장·사회복지의 증진에 노력할 의무를 진다.

③ 국가는 여자의 복지와 권익의 향상을 위하여 노력하여야 한다.

④ 국가는 노인과 청소년의 복지향상을 위한 정책을 실시할 의무를 진다.

⑤ 신체장애자 및 질병·노령 기타의 사유로 생활능력이 없는 국민은 법률이 정하는 바에 의하여 국가의 보호를 받는다. 국가는 재해를 예방하고 그 위험으로부터 국민을 보호하기 위하여 노력하여야 한다.

| 제35조

① 모든 국민은 건강하고 쾌적한 환경에서 생활할 권리를 가지며, 국가와 국민은 환경보전을 위하여 노력하여야 한다.

② 환경권의 내용과 행사에 관하여는 법률로 정한다.

③ 국가는 주택개발정책 등을 통하여 모든 국민이 쾌적한 주거생활을 할 수 있도록 노력하여야 한다.

| 제36조

① 혼인과 가족생활은 개인의 존엄과 양성의 평등을 기초로 성립되고 유지되어야 하며, 국가는 이를 보장한다.

② 국가는 모성의 보호를 위하여 노력하여야 한다.

③ 모든 국민은 보건에 관하여 국가의 보호를 받는다.

| 제37조

① 국민의 자유와 권리는 헌법에 열거되지 아니한 이유로 경시되지 아니한다.

② 국민의 모든 자유와 권리는 국가안전보장·질서유지 또는 공공복리를 위하여 필요한 경우에 한하여 법률로써 제한할 수 있으며, 제한하는 경우에도 자유와 권리의 본질적인 내용을 침해할 수 없다.

| 제38조

모든 국민은 법률이 정하는 바에 의하여 납세의 의무를 진다.

| 제39조

모든 국민은 법률이 정하는 바에 의하여 국방의 의무를 진다. 누구든지 병역의무의 이행으로 인하여 불이익한 처우를 받지 아니한다.

부록 2

세계
인권선언문

1948년 12월 10일 유엔 총회에서 공식 채택된 '세계인권선언'은 전 세계 인권 관련 법, 규약, 결의안의 토대이자 시초가 되는 선언으로서 마치 인권의 헌법과도 같은 존재다. 그 명칭에서도 볼 수 있듯 세계인 권선언의 첫 시작은 조약이 아닌 선언에 불과해 국제법적 효력을 갖추지 못했다. 하지만 경제적, 문화적, 사회적 권리에 관한 '국제 사회권 규약', 그리고 시민적, 정치적 권리에 관한 '국제 자유권 규약'이 세계인 권선언을 토대로 만들어지고, 두 규약이 국제법적 효력을 갖게 되며 세계인권선언문은 단순한 선언이 아닌, 그 이상의 의미를 지니게 되었다. 이후 수많은 인권 관련 조약이 만들어졌는데, 인종차별부터 전쟁 범죄, 고문, 여성에 대한 차별 철폐, 아동 권리, 난민 지위, 노동자 권리 등에 대한 국제 조약 등이 세계인권선언문을 토대로 만들어졌으며 해당 선언은 여러 국가의 헌법 제정에도 큰 영향을 끼쳤다.

세계인권선언 전문
....

　모든 인류 구성원의 천부의 존엄성과 동등하고 양도할 수 없는 권리를 인정하는 것이 세계의 자유, 정의 및 평화의 기초이며, 인권에 대한 무시와 경멸이 인류의 양심을 격분시키는 만행을 초래하였으며, 인간이 언론과 신앙의 자유, 그리고 공포와 결핍으로부터의 자유를 누릴 수 있는 세계의 도래가 모든 사람들의 지고한 열망으로서 천명되어 왔다.

　인간이 폭정과 억압에 대항하는 마지막 수단으로서 반란을 일으키도록 강요받지 않으려면, 법에 의한 통치에 의하여 인권이 보호되어야 하는 것이 필수적이며, 국가 간에 우호관계의 발전을 증진하는 것이 필수적이며, 국제연합의 모든 사람들은 그 헌장에서 기본적 인권, 인간의 존엄과 가치, 그리고 남녀의 동등한 권리에 대한 신념을 재확인하였다.

　보다 폭넓은 자유 속에서 사회적 진보와 보다 나은 생활수준을 증진하기로 다짐하였고, 회원국들은 국제연합과 협력하여 인권과 기본적 자유의 보편적 존중과 준수를 증진할 것을 스스로 서약하였으며, 이러한 권리와 자유에 대한 공통의 이해가 이 서약의 완전한 이행을 위하여 가장 중요하다.

　이에 국제연합총회는, 모든 개인과 사회 각 기관이 이 선언을 항상 유념하면서 학습 및 교육을 통하여 이러한 권리와 자유에 대한 존중을 증진하기 위하여 노력하며, 국내적 그리고 국제적인 점진적 조치를 통하여 회원국 국민들 자신과 그 관할 영토의 국민들 사이에서 이러한 권리와 자유가 보편적이고 효과적으로 인식되고 준수되도록, 모든 사람과 국가가 성취하여야 할 공통의 기준으로서 이 세계인권선언을 선포한다.

| 제1조
모든 인간은 태어날 때부터 자유로우며 그 존엄과 권리에 있어 동등하다. 인간은 천부적으로 이성과 양심을 부여받았으며 서로 형제애의 정신으로 행동하여야 한다.

| 제2조
모든 사람은 인종, 피부색, 성, 언어, 종교, 정치적 또는 기타의 견해, 민족적 또는 사회적 출신, 재산, 출생 또는 기타의 신분과 같은 어떠한 종류의 차별이 없이, 이 선언에 규정된 모든 권리와 자유를 향유할 자격이 있다. 더 나아가 개인이 속한 국가 또는 영토가 독립국, 신탁통치지역, 비자치지역이거나 또는 주권에 대한 여타의 제약을 받느냐에 관계없이, 그 국가 또는 영토의 정치적, 법적 또는 국제적 지위에 근거하여 차별이 있어서는 아니 된다.

| 제3조
모든 사람은 생명과 신체의 자유와 안전에 대한 권리를 가진다.

| 제4조
어느 누구도 노예상태 또는 예속상태에 놓이지 아니한다. 모든 형태의 노예제도와 노예매매는 금지된다.

| 제5조
어느 누구도 고문, 또는 잔혹하거나 비인도적이거나 굴욕적인 처우 또는 형벌을 받지 아니한다.

| 제6조
모든 사람은 어디에서나 법 앞에 인간으로서 인정받을 권리를 가진다.

| 제7조
모든 사람은 법 앞에 평등하며 어떠한 차별도 없이 법의 동등한 보호를 받을 권리를 가진다. 모든 사람은 이 선언에 위반되는 어떠한 차별과 그러한 차별의 선동으로부터 동등한 보호를 받을 권리를 가진다.

| 제8조
모든 사람은 헌법 또는 법률이 부여한 기본적 권리를 침해하는 행위에 대하여 권한 있는 국내 법정에서 실효성 있는 구제를 받을 권리를 가진다.

| 제9조
어느 누구도 자의적으로 체포, 구금 또는 추방되지 아니한다.

| 제10조
모든 사람은 자신의 권리, 의무 그리고 자신에 대한 형사상 혐의에 대한 결정에 있어 독립적이며 공평한 법정에서 완전히 평등하게 공정하고 공개된 재판을 받을 권리를 가진다.

| 제11조
① 모든 형사피의자는 자신의 변호에 필요한 모든 것이 보장된 공개재판에서 법률에 따라 유죄로 입증될 때까지 무죄로 추정받을 권리를 가진다.
② 어느 누구도 행위 시에 국내법 또는 국제법에 의하여 범죄를 구성하지 아니하는

작위 또는 부작위를 이유로 유죄로 되지 아니한다. 또한 범죄행위 시에 적용될 수 있었던 형벌보다 무거운 형벌이 부과되지 아니한다.

| 제12조

어느 누구도 그의 사생활, 가정, 주거 또는 통신에 대하여 자의적인 간섭을 받거나 또는 그의 명예와 명성에 대한 비난을 받지 아니한다. 모든 사람은 이러한 간섭이나 비난에 대하여 법의 보호를 받을 권리를 가진다.

| 제 13조

① 모든 사람은 자국 내에서 이동 및 거주의 자유에 대한 권리를 가진다.

② 모든 사람은 자국을 포함하여 어떠한 나라를 떠날 권리와 또한 자국으로 돌아올 권리를 가진다.

| 제14조

① 모든 사람은 박해를 피하여 다른 나라에서 비호를 구하거나 비호를 받을 권리를 가진다.

② 이러한 권리는 진실로 비정치적 범죄 또는 국제연합의 목적과 원칙에 위배되는 행위로 인하여 기소된 경우에는 주장될 수 없다.

| 제15조

① 모든 사람은 국적을 가질 권리를 가진다.

② 어느 누구도 자의적으로 자신의 국적을 박탈당하지 아니하며 자신의 국적을 변경할 권리가 부인되지 아니한다.

❙ 제16조

① 성인 남녀는 인종, 국적 또는 종교에 따른 어떠한 제한도 없이 혼인하고 가정을 이룰 권리를 가진다. 그들은 혼인에 대하여, 혼인기간 중 그리고 혼인해소 시에 동등한 권리를 향유할 자격이 있다.

② 혼인은 장래 배우자들의 자유롭고 완전한 동의하에서만 성립된다.

③ 가정은 사회의 자연적이고 기초적인 단위이며, 사회와 국가의 보호를 받을 권리가 있다.

❙ 제17조

① 모든 사람은 단독으로뿐만 아니라 다른 사람과 공동으로 재산을 소유할 권리를 가진다.

② 어느 누구도 자의적으로 자신의 재산을 박탈당하지 아니한다.

❙ 제18조

모든 사람은 사상, 양심 및 종교의 자유에 대한 권리를 가진다. 이러한 권리는 종교 또는 신념을 변경할 자유와 단독으로 또는 다른 사람과 공동으로 그리고 공적으로 또는 사적으로 선교, 행사, 예배 및 의식에 의하여 자신의 종교나 신념을 표명하는 자유를 포함한다.

❙ 제19조

모든 사람은 의견의 자유와 표현의 자유에 대한 권리를 가진다. 이러한 권리는 간섭 없이 의견을 가질 자유와 국경에 관계없이 어떠한 매체를 통해서도 정보와 사상을 추구하고, 얻으며, 전달하는 자유를 포함한다.

│ 제20조

① 모든 사람은 평화적인 집회 및 결사의 자유에 대한 권리를 가진다.

② 어느 누구도 어떤 결사에 참여하도록 강요받지 아니한다.

│ 제21조

① 모든 사람은 직접 또는 자유로이 선출된 대표를 통하여 자국의 정부에 참여할 권리를 가진다.

② 모든 사람은 자국에서 동등한 공무담임권을 가진다.

③ 국민의 의사가 정부 권능의 기반이다. 이러한 의사는 보통·평등 선거권에 따라 비밀 또는 그에 상당한 자유 투표절차에 의한 정기적이고 진정한 선거에 의하여 표현된다.

│ 제22조

모든 사람은 사회의 일원으로서 사회보장을 받을 권리를 가지며, 국가적 노력과 국제적 협력을 통하여, 그리고 각 국가의 조직과 자원에 따라서 자신의 존엄과 인격의 자유로운 발전에 불가결한 경제적, 사회적 및 문화적 권리들을 실현할 권리를 가진다.

│ 제23조

① 모든 사람은 일, 직업의 자유로운 선택, 정당하고 유리한 노동 조건, 그리고 실업에 대한 보호의 권리를 가진다.

② 모든 사람은 아무런 차별 없이 동일한 노동에 대하여 동등한 보수를 받을 권리를 가진다.

③ 노동을 하는 모든 사람은 자신과 가족에게 인간의 존엄에 부합하는 생존을 보장하며, 필요한 경우에 다른 사회보장방법으로 보충되는 정당하고 유리한 보수에

대한 권리를 가진다.

④ 모든 사람은 자신의 이익을 보호하기 위하여 노동조합을 결성하고, 가입할 권리를 가진다.

| 제24조

모든 사람은 노동시간의 합리적 제한과 정기적인 유급휴가를 포함하여 휴식과 여가의 권리를 가진다.

| 제25조

① 모든 사람은 의식주, 의료 및 필요한 사회복지를 포함하여 자신과 가족의 건강과 안녕에 적합한 생활수준을 누릴 권리와 실업, 질병, 장애, 배우자 사망, 노령 또는 기타 불가항력의 상황으로 인한 생계 결핍의 경우에 보장을 받을 권리를 가진다.

② 어머니와 아동은 특별한 보호와 지원을 받을 권리를 가진다. 모든 아동은 적서에 관계없이 동일한 사회적 보호를 누린다.

| 제26조

① 모든 사람은 교육을 받을 권리를 가진다. 교육은 최소한 초등 및 기초단계에서는 무상이어야 한다. 초등교육은 의무적이어야 한다. 기술 및 직업교육은 일반적으로 접근이 가능하여야 하며, 고등교육은 모든 사람에게 실력에 근거하여 동등하게 접근 가능하여야 한다.

② 교육은 인격의 완전한 발전과 인권과 기본적 자유에 대한 존중의 강화를 목표로 한다. 교육은 모든 국가, 인종 또는 종교 집단 간에 이해, 관용 및 우의를 증진하며, 평화의 유지를 위한 국제연합의 활동을 촉진하여야 한다.

③ 부모는 자녀에게 제공되는 교육의 종류를 선택할 우선권을 가진다.

| 제27조

① 모든 사람은 공동체의 문화생활에 자유롭게 참여하며 예술을 향유하고 과학의 발전과 그 혜택을 공유할 권리를 가진다.

② 모든 사람은 자신이 창작한 과학적, 문학적 또는 예술적 산물로부터 발생하는 정신적, 물질적 이익을 보호받을 권리를 가진다.

| 제28조

모든 사람은 이 선언에 규정된 권리와 자유가 완전히 실현될 수 있도록 사회적, 국제적 질서에 대한 권리를 가진다.

| 제29조

① 모든 사람은 그 안에서만 자신의 인격이 자유롭고 완전하게 발전할 수 있는 공동체에 대하여 의무를 가진다.

② 모든 사람은 자신의 권리와 자유를 행사함에 있어, 다른 사람의 권리와 자유를 당연히 인정하고 존중하도록 하기 위한 목적과 민주사회의 도덕, 공공질서 및 일반적 복리에 대한 정당한 필요에 부응하기 위한 목적을 위해서만 법에 따라 정하여진 제한을 받는다.

③ 이러한 권리와 자유는 어떠한 경우에도 국제연합의 목적과 원칙에 위배되어 행사되어서는 아니 된다.

| 제30조

이 선언의 어떠한 규정도 어떤 국가, 집단 또는 개인에게 이 선언에 규정된 어떠한 권리와 자유를 파괴하기 위한 활동에 가담하거나 또는 행위를 할 수 있는 권리가 있는 것으로 해석되어서는 아니 된다.

• 조효성. '빙상의 히딩크' 리더십, 韓아이스하키 기적 만들다. 매일경제. 2017.04.30.
• 최동호. 특별귀화 선수, 평창 그 이후가 더 중요하다! 대한체육회 웹진 스포츠원 2월호. 2017.02.
• 김희선. 라틀리프로 다시 보는 특별귀화 사례들. 일간스포츠. 2017.01.06.
• 임재훈. [결산 2016 한국 스포츠 - PART 1] 에루페 귀화 논란부터 알파고 신드롬까지…. 미디어스. 2016.12.26.
• 강훈상. 카타르축구 국가대표감독 "월드컵서 귀화선수 빼면 사임". 연합뉴스. 2016.11.24..
• 김태현. "이번엔 루지선수… '올림픽용 귀화' 문제없나".
• 이희용. 귀화선수 프리슈와 빅토르안. 연합뉴스. 2017.01.10.
• 이영우. 자유민주주의에 있어서 표현의 자유와 알 권리. 사단법인 한국토지공법학회 토지공법연구 제29집. 2005년 12월
• 안상운. 명예훼손이란 무엇인가: 살림지식총서 391. ㈜살림출판사. 2011.
• 대법원 1998.7.24. 선고 96다42789
• 박동희. [박동희의 야구탐사] 충격과 공포의 롯데 CCTV 불법 사찰. 박동희 칼럼. 2014.11.04.
• 김영일. [스포츠 에세이] 메달리스트, 화려함 속에 감춰진 그늘. 국제신문. 2017.09.28.
• 김상범, 김종성. 중도탈락 학생선수의 인권 및 학습권 보장에 관한 연구. 한국체육과학지. 2015. 제24권 제3호. pp.1165-1176. 2015.
• 교육부. 학습권 보장을 위한 체육특기자 제도 개선 방안 발표. 보도자료. 2017.4.10.
• 이학준. 학생선수의 학습권 보장-근거와 대안. 한국체육학회지 48(5), 10, 35-44. 2009.
• 이하영. 선수 폭행 야구부 감독, 10년 전부터 채찍으로 선수 때렸다. Insight. 2017.07.22.
• 박동희, 이동섭. [엠스플 기획] 선수 버리고 사라진 '폭력 감독'은 어디에 숨었나. 엠스플. 2017.07.21.
• 진채림. 신태용호 합류, 김남일 "마음 같아선 빠따라도 치고 싶지만". 국민일보. 2017.07.13.

- 김순곤. 훈육형태로서의 체벌과 그 한계. 새교육(통권 제533호). 한국교육신문사. 1999.
- 고호관. '사랑의 매'가 효과 없는 이유. 과학동아. 2010년 10월호
- 이재호. 추신수는 왜 박병호의 에이전트를 포기했었나. 스포츠 한국. 2015.12.02.
- 두산백과
- 김창금. 'A매치 90분의 드라마' 떠올리며 희열 느낀다. 한겨레. 2016.09.30.
- 대한체육회 7330뉴스 뉴스레터. 스포츠에이전트가 가야 할 길. 대한체육회. 2017년 6월
- 박성배. 스포츠 에이전트의 세계. 인물과 사상. 2016년 10월 호
- 전형진. "보라스냐 묻지 마세요…집사입니다". 한경닷컴. 2017.01.23.
- 강병철. [이대호 FA 대박으로 재조명받는 스포츠 중재 시장] 한국판 스콧 보라스(미국 유명 스포츠 에이전트) 나올까?. 중앙시사매거진. 2017.02.20.
- 이영호. U-20 월드컵이 남긴 숙제… '젊은 선수들이 뛸 무대가 없다'. 연합뉴스. 2017.06.12.
- 이다니엘. U-20월드컵, 짚어볼 만한 5가지 이슈. 쿠키뉴스. 2017.06.13.
- 김환. [인:팩트] K리그에 '17세 외데고르'는 나올 수 없다. 풋볼리스트. 2015.08.21.
- 조율선. 법 없는 '퍼블리시티권'… 엇갈리는 판결 논란. SBS뉴스. 2014.08.13.
- 서울중앙지방법원 2006.4.19. 선고 2005가합80450호.
- 박동희. [박동희의 Mailbag 확장판] 이상훈은 왜 게임에서 사라졌나?. 박동희 칼럼. 2009.06.09.
- 서울남부지방법원 2009카합1108호.
- 서울서부지법 2010.4.21. 자2010카합245 결정.
- 이정훈. 캐릭터가 버는 돈도 억억대네. 한겨레. 2011.06.08.
- 선수협. 선수협과 일구회 상호협력확대 및 업무제휴 합의. 보도자료. 2012.03.02.
- 선수협. 일구회 집행부는 더 이상 초상권 계약으로 선수들을 흔들지 마십시오. 성명서. 2013.04.16.
- 김민준. "프로야구 은퇴선수들, 게임 초상권 찾아가세요". 메트로서울. 2013.05.29.
- 임형석. 은퇴한 스포츠선수의 퍼블리시티권 보호: 게임 속 실존 은퇴선수 등장을 둘러싼 분쟁사례 중심으로. 연세대학교 석사학위논문. 2011년
- 대법원 2011.12.8. 선고 2011다66849, 66856 판결.
- 유병철. [도승진의 복싱이야기] 고 김정희 선수의 링사고는 막을 수 없었나?(사인분석). 헤럴드경제. 2016.11.17.
- 이상곤. 복싱 꿈나무 10대 고교생… 경기 뒤 쓰러져 의식불명. YTN. 2016.9.9.
- 박수진. '꿈나무' 숨지자 '우리 선수 아니다'. SBS 생생 리포트. 2016.10.16.
- 박수진. 죽음 앞에서도 인색한 '사과, 한마디'. 취재파일. 2016.10.20.
- 강희청. 채인석 시장, 고 김정희 군의 유가족에게 공개 사과. 국민일보. 2016.12.18.
- 대법원 2011. 12. 8. 선고 2011다66849,66856 판결

- Broscience team. Study Shows The Difference In Muscle Gains From Steroid Users VS Natural Guys. Broscience.com. 2016.10.13.
- 송형석. 도핑은 왜 비도덕적인가? 도핑금지담론의 비판적 고찰. 한국체육학회지. 45(4). 31-39. 2006.
- 이학준. 도핑금지, 왜 당연한가?: 도핑금지의 비판과 도핑허용의 성찰. 스포츠인류학연구. 2013. 제8권 1호. pp. 57-81. 2013.
- 송형석. 도핑은 왜 비도덕적인가? 도핑금지담론의 비판적 고찰. 한국 체육학회지. 45(4). 31-39. 2006.
- 김지한. 송지훈 기자. '인종차별의 밀월' 깼다. 손흥민 골 폭풍. 중앙일보. 2017.03.14.
- 이철수 외 공저. 인종차별. 사회복지학사전. 2009.08.15.
- 김용석. "해트트릭 손흥민에 DVD 인종차별 발언은 수치. FA의 엄중한 처벌 바란다"(밀월FC 감독). NEWSPIM. 2017.03.14.
- 박문성. [이슈] 축구 인종차별은 최악의 행위다. 박문성의 풋볼리즘. 2017.02.24.
- Fifa.com. FIFA against racism: a decade of milestones. Fifa.com. 2011.03.02.
- Richard Conway. Fifa says anti-racism taskforce had 'completed work'. 2016.09.26.
- 이건의. [이기회] 손흥민과 'DVD' 그날 믹스트존 화두는 '기다림'. 영독한 기자들. 2017.03.18.
- 손인해. 한국에 인종차별은 없다? 처벌규정, 통계도 없는 외국인 혐오 범죄. Focus news. 2016.07.18.
- John Sims. Take a knee for justice: protest white power!. Aljazeera. 26 Sept 2017.
- Pete Blackburn. Mike Ditka on NFL protests: 'No oppression in the last 100 years that I know of'. CBS Sports. Oct 10. 2017.
- 하동석. 이해하기 쉽게 쓴 행정학 용어사전. 새정보미디어. 2010.03.25.
- 김현회. 이력서만 100통. 정치권이 흔드는 대전시티즌. 스포츠지니어스. 2017.09.13.
- 유호근. 스포츠와 정치 그리고 국가: 한국을 중심으로. 연세대학교 동서문제연구원 〈동서연구〉 21권 2호 p. 201-228. 2009.
- 김명석. 도박사들은 한국의 월드컵 성적을 어떻게 예상할까. 스포츠 한국. 2017.12.11.
- 사행행위 등 규제 및 처벌에 관한 특례법 제2조
- 국민체육진흥법 4장 제24조 3항
- 권상국. "6년간 10억 탕진"… 심심풀이로 하다 남은 건 패가망신. 부산닷컴. 2012.02.29.
- 김창금. 불법 스포츠토토 22조원… '합법'의 6배. 한겨레. 2016.10.04.
- 국무조정실. 사행산업 건전화 대책. 보도자료. 2017.12.14.
- 이학준. 스포츠토토의 사행성 논의. 움직임의 철학: 한국체육철학회지 2010. 제18권 제2호. 43-55. 2010.

- 이제목. 스포츠 레저와 스포츠 도박의 경계 -경륜사업의 건전성 제고를 위한 입법정책적 제언을 중심으로-. 스포츠와 법 제18권 제1호(통권 제42호. 2015.2). 2015.
- 임숙녀, 박희원. 주거권의 법리에 관한 고찰. 사단법인 한국토지공법학회 토지공법연구 제75집. 2016년 8월
- 이병태. 법률용어사전. 법문북스. 2011.
- 조규범. 강제철거에서의 주거권 보호를 위한 입법론적 소고. 미국헌법연구 20(2). 2009.9. 345-375 (31 pages). 2009.
- 임병도. 기자가 역사를 공부해야 하는 이유. 오마이뉴스. 2018.01.18.
- 김형준. 여성 유니폼 '섹시 코드'와 '性 상품화' 사이. 한국일보. 2015.04.24.
- 문화콘텐츠닷컴(문화원형 용어사전). 한국콘텐츠진흥원.
- 이호영, 윤성옥. "베이징 올림픽 중계방송 편성에 관한 분석: 성별, 국가주의, 중복·편성 현황을 중심으로". 한국방송학보. 제23권, 제1호. pp.279-314. 2009.
- 김동규, 김현수. 스포츠 섹슈얼리티 담론의 변동과 확장. 움직임의 철학: 한국체육철학회지 2009. 제17권 제1호. 2009년
- 이영자. 소비대중여성과 페미니즘. 성평등연구 제3집. 1999.
- 이선옥. 대중문화의 성상품화와 인권(85-112p). 아시아여성연구 2003년 42호. 2013.12.
- 정용철, 정윤수, 박정준. 스포츠 인권을 만나다. 나녹출판사. 2016.12.23.
- 이민성. 다문화 편견 이긴 초등선수 '온예카 오비 존'. 축구저널. 2016.04.04.
- 김영갑. 다문화사회에서 사회통합을 위한 체육의 역할과 정책방향 제고. 움직임의 철학: 한국체육철학회지 2014. 제22권 제1호. 2014.
- 김정현, 김대근. 단독독점중계 vs 공동순차중계: 방송사 간 스포츠 중계권 경쟁과 보편적 시청권 제도 연구. 한국방송학보. 24(6). 85-126. 2010.
- Nielsen
- 정용준, 이희진, 윤석환. 스포츠 방송과 보편적 시청권. 커뮤니케이션북스. 2011.
- 정상근. 볼 권리 침해? 국부유출? JTBC 축구 중계 논란. 미디어오늘. 2012.06.12.
- 최은희. 스포츠이벤트 독점중계에 따른 보편적 시청권 문제점과 개선책. 한국엔터테인먼트산업학회논문지. 6(4), 291-304. 2012.
- 권인하. 롯데 "한화, 가르시아송 써도 된다". 스포츠조선. 2011.06.03.
- 송대성. KBO리그 '저작인격권' …구단 해법찾기 '동분서주'. 노컷뉴스. 2017.04.04.
- 신종범. 신종범 변호사의 법정이야기(76)- 응원가와 저작인격권. 법률저널. 2017.04.14.
- 클린 응원가 캠페인. 한화 이글스 공식 홈페이지.
- 양준호. 프로야구 넥센 응원가 전면교체에 골수팬들 "무관중 운동" 강력 반발. 서울경제. 2017.04.05.
- 이지현. "1억 줄 테니 져달라" …'UFC 승부조작' 브로커 2명 구속기소. 연합뉴스. 2017.07.13.

- 서복현. "승부조작 부끄럽다" …축구선수 정종관 숨진 채 발견. MBN뉴스. 2011.05.30.
- 이승민. 상무, 남은 경기 불참… 부전패 처리. YTN. 2012.02.11.
- 김지현, 강동희. 부정방지교육 특별 강사… "승부조작 발생하지 않길". 스타뉴스. 08.28.
- UEFA. UEFA Ranking for Club Competitions.
- 최인영. '승부조작 멍에' 박현준 "유혹받으면 부모님 생각하라". 연합뉴스. 2017.01.13.
- 양승남. "친분 가장한 검은 손길 조심해야" …강동희 '승부조작 참회' 강의. 경향신문. 2016.08.28.

스포츠, 그리고 인권

펴낸날 2018년 5월 9일
3쇄 펴낸날 2020년 11월 6일

지은이 김태우
펴낸이 주계수 | **편집책임** 윤정현 | **꾸민이** 전은정

펴낸곳 밥북 | **출판등록** 제 2014-000085 호
주소 서울시 마포구 양화로 59 화승리버스텔 303호
전화 02-6925-0370 | **팩스** 02-6925-0380
홈페이지 www.bobbook.co.kr | **이메일** bobbook@hanmail.net

© 김태우, 2018.
ISBN 979-11-5858-421-4 (03330)

※ 이 도서의 국립중앙도서관 출판시도서목록(CIP)은 e-CIP 홈페이지(http://www.nl.go.kr/cip)에서 이용하실 수 있습니다. (CIP 2018013427)